▼ 이 안경은 일견단어를
공부하는 것을 의미해요.

Korean Text © 2022 by Kook Jo
Si-Chung Dae-Ro 500, Sejong City, 30146
All rights reserved. (+82) 044-866-7087

Original Contents © 2019 By Kathryn J. Davis
7223 Cedar Lane Dr., Germantown, TN 38138
All rights reserved. (901) 737-4466

이 자료는 대한민국 저작권법의 보호를 받습니다.
작성된 모든 내용의권리는 작성자에게 있으며, 작성자의 동의 없는 사용이 금지됩니다.
본 자료의 일부 혹은 전체 내용을 무단으로 복제/배포하거나 2차적저작물로 재편집하는 경우, 5년 이하의 징역 또는 5천만원 이하의
벌금과 민사상 손해배상을 청구합니다. 본 책의 저자는 Kathryn J. Davis에게 있으며 저자의 허락을 받아 제작하게 된 책입니다.
본 내용은 미국 및 한국 저작권 보허법에 등록된 상태임을 알려드립니다.

Korean text and cover © 2022 by Kook Jo. All right reserved.
No part of this book may be reproduced or utilized in any form by electronic or mechanical means, including
photocopying without permission in writing from the author.

Printed in The Republic Of Korea.

머리말

안녕하세요? '도란도란북스' 대표 조국입니다.

본 교재는 미국 현지 초등학교에서 수십 년간 정규 영어 교과서로 사용하고 있는 파닉스 교재 'Sound City Reading'의 저작권을 받아 한국인에 맞추어 제작한 책입니다.

'Sound City Reading' 저자는 Kathryn J. Davis는 미국 사립초등학교 영어교사로 재직하면서 처음 영어를 배우는 미국 어린이들에게 영어교육의 가장 기초가 되는 파닉스의 중요성을 일깨워 주고, 어린이들이 누구나 파닉스의 전 과정을 알기 쉽고 체계적으로 배우고 익힐 수 있는 수십 권의 파닉스의 구성 및 교재를 직접 집필하시고 평생 파닉스를 위해 살아오신 분입니다.
현재는 은퇴하셨으나, 고령의 나이에도 불구하고 오직 미국 영어 파닉스의 학습이라면 지금도 열정을 다하여 가르치고 계시는 참 존경스러운 분입니다.

저자는 어려서부터 외국에서 영어권 kindergarten에 다니면서 친구들과 놀면서 쉽게 영어를 접하였는데, 초등학교와 중학교 때 잠시 한국으로 귀국하였으나, 또다시 외국에서 미국 High School을 졸업하는 등 한국식 파닉스와 미국식 파닉스의 혼란 속에 영어를 배웠습니다. 그러다가 미국 뉴욕주립대학에 입학하여 고급과정 영어를 학습하면서 파닉스의 중요성을 더 체험하게 되었고 다시 한국에 와서 초중고학생들의 영어를 지도한 지 18년이 되었습니다.

학생들에게 영어를 가르치면서 언제나 발음에 대한 부분을 정확하게 교정할 수 없다는 부분이 늘 안타까웠는데, 우연한 기회에 'Sound City Reading'을 접하게 되면서부터 영어교재 그대로 학생들을 가르치게 되었습니다. 어느덧 7년 동안 이 교재를 통해 파닉스를 공부한 학생들이 발음에 자부심을 갖게 되자, 영어에 흥미를 느끼고 실력이 날이 갈수록 향상되었으며, 결과적으로 원어민과 같은 발음을 구사하게 되어 'Sound City Reading' 교재를 더욱 신뢰하게 되었습니다.

지금도 우리나라에서 전 국민들이 어려서부터 영어를 배우고 있지만, 외국인을 만나면 깊이 있는 교제를 두려워하는 이유는 파닉스에 대한 자신감이 결여되어 스스로 기피하는 것입니다. 그 이유는 우리의 영어교육의 파닉스 과정은 일 년 남짓으로 콘텐츠가 끝나고 일본어식 발음기호를 보고 학습하기 때문이며, 미국식 파닉스의 스텐다드라고 할 수 있는 책은 정말 찾기 어려웠습니다.

영어를 처음 배우는 사람에게는 파닉스 기초가 매우 중요하다고 생각은 하고 있으나, 무엇이 얼마만큼 중요하고 얼마 동안 배워야 하는지 모르는 경우가 많습니다. 지금도 서점에는 넘쳐나는 파닉스 교재들로 가득하지만, 섣불리 어떤 교재를 선택할지 고민하는 것은 지금의 성인들인 학부모님들 자신이 파닉스다운 파닉스 교육을 받지 못했기 때문이 아닐까요?

이러한 고민을 하시는 모든 학부모님들께 저희 '도란도란북스'를 소개합니다. 현재 도란도란북스는 미국 'Sound City Reading' 파닉스 교재의 저작권을 허락받아 그중 우리 한국인 구강구조에 맞춘 가장 중요하게 생각되는 파닉스 교재를 제작하여 출판하게 된 것입니다. 이 파닉스 교재로 학습하면 영어 발음, 어휘, 독해, 그리고 단어, 문장의 암기력까지 영어의 튼튼한 기초를 다질 수 있을 것을 확신하며 자신있게 권해 드립니다.

'도란도란북스' 대표 조국 드림

"Conquer the Language, Conquer The World"

저자프로필

- 18년 차 영어교육 중
- Kindergarten·Elementary (호주)/Junior·High (이스라엘), 뉴욕주립대 졸업
- 현 고려대학교대학원 아동언어코칭학과 석사 과정 중
- 파닉스 교육관련 문의는 support@dorandoranbooks.com

목 차

머리말 1

음절인식능력 1-1 5
음절인식능력 1-2 6
색으로 도표된 소리차트 7
일견단어 8
Sound Story, Part-1 (ENG) 9
싸운드 스토리, 파알트1 (한글) 11
Sound Story, Part-2 (ENG): Beyond Alphabet Sounds 17
싸운드 스토리, 파알트2 (한글:알파벳 이외의 소리) 19
알파벳으로 반드시 알고 있어야 할 사항 24
알파벳 소리 차트 25
더 스토뤼 어바웉 더 Umbrella 모음 26

단모음 리뷰, 폐음절 41
일견단어 리뷰 및 문장 43
sh(쉬)/ship 45
o(엏)/son, a(엏)/what, "Umbrella" 모음 47
접미사 _s 와 명사 49
i(아이)/hi, 개음절 I(아이), (긴) I(아이) Sound 50
e(이)/me, 개음절 E, (긴) E Sound 52
o/go, 개음절 Syllable O, (긴) O Sound 53
Questions And Statements 55
이야기: A Fish 57

th(돟)/thumb 59
th(톻)/this 61
Sight word: the(뒬) 62
이야기: I Wish 63

혼합된 자음 운미: ast, amp, ask, and, aft 67
Sentences 69
이야기: Go Fish 71

혼합된 자음 운미: ilk, ift, ist, isk, ind 73
Sentences 75
or(오어얾)/horse 77
접미사: _s with nouns and verbs 78
문장과 접미사 _s 붙여 사용된 동사 79
이야기: *This Is For* 81

혼합된 자음 운미: ond, oft, omp, olf, ost, ōst 83
Sentences 85
ck(츻)/Jack 87
이야기: *Rick And Jack* 89

혼합된 자음 운미: ump, unt, ulb, ust, usk 91
Sentences 93
ö(우으)/to 95
_ve/give 96
이야기: *A Duck* 97
혼합된 자음 운미: est, ent, end, elp, elt, elf, eld, esk, ext, ept 101
Sentences 103
개음절 A(애이), (간) A(애이) Sound 106
이야기: *Jump* 107

ch(츻)/chicken 109
첫 겹자 발음: sc, sk, sm, sn, sp, squ, st, sw, tw, dw 111
Sentences 113
tch(트츻)/match 115
nch(은칱)/lunch 117
이야기: *On A Bench* 112

첫 겹자 발음: bl, cl, fl, gl, pl, sl, spl 121
Sentences..123
wh(웋으)/when(웨엔은) 125
"what(워얼트)" 문장의 사용되는 일견단어와 문장들 127
wh(웋으)/who(후으) 128
이야기: *Who Is This?* 129

첫 겹자 발음: br, cr, dr, fr, gr, pr, tr, scr, spr, str	131
Sentences	133
이야기: *A Man*	135
이야기: *A Chicken*	137
ng(은긍)/ring	139
축약형: He's; Two 음절학습: rob-in, chil-dren	141
Sentences and Contractions	143
이야기: *In The Spring*	145
nk(은쿵)/wink(위인쿵)	147
개음절 U, (긴) U Sound	149
이야기: *Get A Drink*	151
예시: oi(옹이)/coins(코옹인은), oy(옹이)/boy(보옹이)	153
예시: ou(앟우)/loud(라앟욷드), ow(앟우)/cow(카앟우)	155
예시: ü(웋)/bush(부웋쉬)	157
예시: ä(얼)/all(얼을)	159
그림 및 글자의 관련된 답안지	164
어떻게 모음에 관련된 색을 정했을까요?	176

음절 인식 능력 1-1 선생님은 영어로 그림의 이름을 알려줍니다. 그림을 보고 학생은 읽음과 동시에 박수를 쳐 줍니다. 그리고 박수를 칠 때 마다, 다시 한번 몇 개의 음절이 있는지 확인하고 다시 박수를 쳐 줍니다. 만약 학생이 어려워한다면 각 음절에서 쉴 수 있도록 도와줍니다.

선생님은 그림의 각 단어를 읽어 줍니다. 하나씩 천천히: toast-er, el-e-phant, kite, coat, ti-ger, chain, zuc-chi-ni, bush. 각 단어의 음절이 나눠져 있습니다. 학생들은 단어를 읽지 않고, 던어의 읽는 소리를 듣고 입으로 소리 모양만 만들어 봅니다.

음절 인식 능력 1-2 선생님은 영어로 그림의 이름을 알려줍니다. 그림을 보고 학생은 읽음과 동시에 박수를 쳐 줍니다. 그리고 박수를 칠 때 마다, 다시 한번 몇 개의 음절이 있는지 확인하고 다시 박수를 쳐 줍니다. 만약 학생이 어려워한다면 각 음절에서 쉴 수 있도록 도와줍니다.

선생님은 그림의 각 단어를 읽어 줍니다. 하나씩 천천히: mail-box, ham-bur-ger, barn, lla-ma, soap, vol-ley-ball, es-ca-la-to a-pron. The syllable breaks are marked. Students do not read the words, they just listen and respond orally.

Color-Coding Chart (색깔로 도표된 소리차트)

a 아	ant	bright red
ā 애이	rain, play, safe, carrot	dark red
ä 엏	Paul, saw, ball, salt, talk, wasp, swan, quarrel, squash, bought	pink
e 에	egg, head, heron	light green
ē 이(긴)	he, feet, weird, key, eat, these, happy	dark green
ë 에이	veil, they, steak, eight, ballet	dark red
i 이	in, gymnastics	light violet
ī 아이	pie, pine, night, find, wild, my	dark violet
ï 이	shield, pizza	dark green
o 앟	ox, car, sorry, father	light orange
ō 오우	go, horse, boat, toe, home, snow, four, gold, bolt, troll, yolk	dark orange
ö 우	to, moon, soup	dark blue
u 엏	up, what, across, panda, son, love, country	light blue
ū 우으	fruit, cue, cube, few, Europe	dark blue
ü 옳	bush, book, should	olive green
oi 옳이	coin, boy	gold
ou 앟우	ouch, cow	brown
ir 얼	bird, her, turtle, dollar, tractor, early, journal	gray
wor 월	worm	gray

Sight Words (일견 단어)				
Review is 이즁	his 히이즁	as 애즁	has 해애즁	A 엏
a 엏	I 아이	Book 1 was 웅으엏즁	of 엏f	both 브오우듷
the 듷엏	most 모우스트	post 풓오우스트	wolf 웅으웋을f	two 트우으
rich 읋이칰	much 음엏칰	such 써엏칰	which 웅으잋칰	what 웅으엍트
who 훟우우으	whom 훟우우으음	whose 훟우으즁	truth 트읋우으듷	

Sight Words (일견 단어)				
뤼뷰 is 이즁	his 히즁	as 애즁	has 해즁	A 엏
a 엏	I 앟이	Book 1 was 워엏즁	of 엏f	both 보웇듷
the 듷엏	most 모우스트	post 포우스트	wolf 웇f	two 투
rich 뤼칰	much 머칰	such 써칰	which 위이칰	what 워엍트
who 후으	whom 후움	whose 후으즁	truth 추룯듷	

A Sound Story
About Audrey and Brad

The sound story introduces pictures that represent all of the speech sounds in the English language. The capital and lower case letters beside each picture represent the same sound in words. The pictures are used on the sound charts in this program to help students remember the sound for each letter pattern.

Part 1 One Saturday morning, Audrey and Brad sat in the den, watching the pendulum swing back and forth on the clock on the wall, "t, t, t, t." They were bored.		T t
"Hey, Mom," said Brad. "Can we walk down to the park?" "Yes," said Mom. "But we must be back in time for your violin lessons." Soon Audrey and Brad were swinging as high as they could at the park. They could hear the loud sound of the chains screeching as they went back and forth, "i, i, i, i." (i/in)		I i
Then they jumped down and ran around the park playing chase. Before long, they were out of breath. Brad could hear himself breathing hard, "h, h, h, h."		H h
They all walked home and Mom drove them to their violin lessons. Mrs. Russ was pleased to see them. "Did you practice every day?" she said. "I did," said Audrey quickly. Brad replied that he had practiced, too. (i/island)		Ī ī
Soon they were playing music. Each violin made a beautiful sound as they pulled their bows across the strings. The sound was "l, l, l, l, l."		L l

학생이 싸운드 스토리에 익숙치가 않다면, 반복적으로 계속 읽어주세요.

© 2019 by Kathryn J. Davis
Korean Text © 2021 by Kook Jo

Just as they arrived home from their music lesson, they heard the "n, n, n" sound of the engine on a big delivery truck. It pulled into their driveway and the delivery man handed Mom a package. Audrey and Brad were pleased to see that new books had arrived from their book club.		N n
As they went into the house, they could see dark clouds gathering overhead. Soon, lightning was flashing and rain was pouring down. The wind blew hard enough to make the branches on the trees sway back and forth. Audrey and Brad could hear the sound of the wind forcing it's way into the house around the front door, "wwwwww."		W w
"Well," said Mom. "The weather is so bad, this is the perfect time to go over your math facts." It was Brad's turn to go first. "Uuuuhhh," was all he could say as he looked at the flashcards. He had not been practicing his math facts. When Audrey had her turn, she got every one right. (u/up)		U u
They ate lunch and then Audrey and Brad and Dad got into the car to go to basketball practice. The wind had stopped blowing, but it was still drizzling. At the gym, all the kids on the team warmed up by dribbling a basketball. "B, b, b, b," was the sound of the balls bouncing on the hardwood floor. Then they practiced passing and shooting.		B b
After basketball practice they went home. Soon, Mom called Audrey and Brad to dinner. "Mmmmmm," they said when they saw their plates. They were having scrambled eggs, ham, and muffins. It looked delicious.		M m
Just as they sat down to eat, they heard a loud "Rrrrrr" coming from the back yard. They ran to look out the back door. Chewie had cornered a neighborhood cat in the yard. She was growling at the cat.		R r

각 글과 그림의 소리를 연습해보세요. 그런 후 글과 그림에 손가락으로 지목하여 큰 소리로 읽어요.

어 사운드 스토리
어쥬뤼와 브랩에 관한 이야기

영어에서 소리로 만들어진 단어를 이야기로 만들어 소개하는 내용입니다. 대문자와 소문자로 만들어진 알파벳은 같은 소리인 것을 의미합니다. 그림은 소리와 연관된 단어로 만들어졌으며, 학생의 이해를 돕기 위해 그림과 글자를 비슷한 소리로 인지할 수 있도록 만들었습니다.

파알트 - 원 원 새럴대이 모오닝, 어쥬뤼 앤 브랩 샛 인 더 덴, 웟칭 더 펜들룸 스윙칭 백 엔 f어없둥 온 더 클럭 온 더 월 트, 트, 트, 트, 데이 워 보어없드.	(시계 그림)	T t 트
"헤이, 맘," 샌드 브랩. "캔 위 웜 다운 투 더 팔알쿵?" "예스," 쎋 맘. "밭 위 머스트 비 백 인 타임 f어없 요어없 v이올린 레쓴스." 순 어쥬뤼 엔 브랩 워 스윙잉 애스 하이 애스 데이 쿧 앳 더 팔알크. 데이 쿧 히얼 더 롸우드 사운드 어f 더 체인스 스크뤼칭 에스 데이 웬트 백 엔 f어없둥, "이, 이, 이, 이." (i/in)	(그네 그림)	I i 이
덴 데이 저엄드 다운 앤 랜 어롸운드 더 파알크 플래잉 채이스. 비f어없 렁, 데이 워 아웃 어f 브뤠둥. 브랩 쿧 히얼 힘세엘f 브뤼이딩 하알드, "헝, 헝, 헝, 헝."	(달리는 사람 그림)	H h 헝
데이 얼 웜 홈 앤 맘 쥬로우v은 뎀 투우 데얼 v아이올린 레쓴스. 미쎄스, 뤼스 워스 플리이슨 투 씨이 뎀. "딛 유 프롹티이슨 에브뤼 데이?" 쉬 셷. "아이 딛," 샌드 어쥬뤼 퀵클리. 브랩 뤼플라이드 댓 히해드 프롹티이슨, 투우. (i/island)	(인사하는 사람 그림)	I i 아이
순 데이 워 플레잉 뮤짘. 잇치 v아이올린 매이드 어 뷰우뤼이f우울 싸운드 애스 데이 푸울드 데얼 보우스 어크뤄스 더 스트뤼잉스. 더 싸운드 워스 "을, 을, 을, 을."	(바이올린 그림)	L l 을

싸운드 스토리의 내용을 한글로 연습할 수 있도록 만들었어요.

져스트 애스 데이 얼라이브 홈 f으로옴 데얼 뮤짤 렛쓴, 데이 허얼드 디 "은, 은, 은" 싸운드 오f 더 엔진 온 어 빅 딜리버뤼 츄럭. 잍 풀울드 인투 데얼 쥬라이브웨이 앤드 더 딜리v어뤼 맨 핸드 맘 어 팩캐쥐. 어쥬리 앤 브랜드 월 플리이슫 투 씨 댓 뉴 북스 해드 얼라이v드 f으로옴 데얼 북 클럽.		N n 은
애스 데이 웬트 인투 더 하우스, 데이 쿠드 씨 다알크 클라욷스 개더링 어우v얼헤드. 쑨, 라잇닝 워스 f을레쉥 앤드 래인 워스 포오링 다운. 더 윈드 블루 하알드 인눠흐 투 매잌크 더 부랜치이스 온 더 추뤼이스 스왜이 백 앤 f어엁둥. 어쥬리 앤 브랜 쿠드 히얼 더 싸운드 오f 더 윈드 f어엁싱 잍스 왜이 인투 더 하우스 어롸운드 더 f으런트 도어엁 옹으, 옹으, 옹으, 옹으."		W w 옹으
"웰, 센 맘." 더 웨애덜 이스 쏘 배앤드, 디스 이스 더 퍼얼f엑트 타임 투 고우 오올v얼 욜 매엘둥 f앺스." 잍 워스 브랜스 터어언 투 고 f얼스트. "엉엉엉, 워스 얼 히 쿠드 쌔이 애스 히 룩드 앳 더 f을래쉬카알스. 히 해드 넛 빈 프롹티이싱 히스 매엘둥 f앺스. 웬 어쥬뤼 해드 헐 터어언, 쉬 것 에v으뤼 원 롸잍. (u/up)		U u 엉
데이 애잇 뤈치 앤드 덴 어쥬뤼 앤 브랜 앤 대애드 겉 인투 더 카알 투 고 투 바아스켙 프롹티스. 더 윈드 핻 스톺 블로윙, 벋 잍 워스 스틸 쥬뤼즐링. 앳 더 쥠, 얼 더 키읻스 온 더 팀 워엄드 엎 바이 쥬뤼블링 어 바아스켙볼. "브, 브, 브, 브," 워스 더 사운드 오f 더 보올스 바운싱 온 더 하알드욷드 f을뤄 덴 데이 프롹티이스읃 패애싱 앤 슈링.		B b 브
아f으털 바아스켙볼 프롹티스 데이 웬트 홈. 쑨, 맘 코올드 어쥬뤼 앤 브랜 투 디너얼. "음음음," 데이 쎋 웬 데이 써어 데얼 프을레잍스. 데이 월 해애v잉 스크램블드 엒스, 햄, 앤 머어ff인스. 잍 룩드 딜뤼셔어스.		M m 음
져스트 애스 데이 샏 다운 투 잍, 데이 허얼드 어 라우드 "엃엃 엃"커밍 f으로옴 더 백 야알드 . 데이 랜 투 룩 아웃 더 백 도올. 츠위 해드 코오너얼드 어 네이버얼훋 캩 인 더 야알드 . 쉬 워스 그라울링 앳 더 캩.		R r 엃

만약 영어로 읽기 힘들다면 한글로 발음 연습을 해요. ©

The cat had no intention of putting up with Chewie. She reached out and scratched Chewie right on the nose, "fffff." Chewie cried out in pain as the cat quickly jumped over the fence and ran away.		F f
"Poor, Chewie!" said Brad. "She'll know to leave cats alone, next time." He reached into the refrigerator and pulled out a soft drink. "Kssss," was the sound of the air rushing out as he pulled the tab off the can.		X x
After dinner, the whole family watched a movie together. It was pretty good. One character was a man who couldn't hear very well. He kept saying "Ehh?" whenever someone spoke to him. He couldn't understand a word they were saying. "That man should get hearing aids," said Mom. "He could hear much better with them." (e/egg)		E e
The following Monday morning, Audrey and Brad took the bus to school. As Audrey slipped into her desk, she saw that a classmate had brought a snake to school in a cage. They talked about the snake during science class. It slithered around in its cage, flicking its tongue in and out with a soft "sssss" sound.		S s
Audrey worked hard all morning. After lunch, her class went outside for recess. She enjoyed jumping rope with her friends. The rope made a "j, j, j" sound as it slapped the concrete.		J j
After recess Audrey realized that her throat was hurting. It had been sore all day, but now it was worse. Her teacher sent her to the office to see the school nurse. Audrey opened her mouth wide and said "Ahhhh" while the nurse examined her throat. Then the nurse took her temperature. "You don't have a fever," said the nurse. "It will be all right for you to go back to class." (o/ox)		O o

학생이 싸운드 스토뤼에 익숙치가 않다면, 반복적으로 계속 읽어요.

© 2019 by Kathryn J. Davis
Korean Text © 2021 by Kook Jo

Back in the classroom, Audrey picked up her pencil to begin her afternoon assignment. "Ccc," the lead broke on her pencil as soon it touched the paper. She reached into her desk to get out another sharpened pencil. It was a good thing she had an extra one.		C c
At 2 o'clock, Audrey heard a knock at the door, "d, d, d." It was her father, Dr. Davis, coming to help students work on the computers in the back of the room. It wasn't Audrey's turn to work on the computers, today, so she smiled at her dad and then continued working on her assignment.		D d
At the end of the day, Audrey and Brad met their bus group in the hall. Their bus teacher waited for their group to be called. As they stepped outside, they could barely see their bus in the distance, already on its way. "AAAaaah!" screamed Audrey and Brad. All the children were upset. "It's OK," said the teacher. "We'll call your parents to come pick you up." (a/ant)		A a
The children waited in the office for their parents. They could hear the sound of the vacuum cleaner as Mrs. Taylor vacuumed the rug, "vvvvv."		V v
Brad was thirsty, so he asked for permission to go to the hall to get a drink of water. He went straight to the water fountain. He turned the handle and leaned over to swallow the gushing water. "G, g, g, g," went the water as it streamed out of the faucet.		G g
When Mom arrived at school she took them straight to the doctor's office to get Audrey's throat checked. She wanted to be sure it wasn't strep throat. As they waited in the waiting room, they watched the fish swim back and forth in the large aquarium. They could hear the "P, p, p, p" sound of the air pump pushing air into the water.		P p

각 글과 그림의 소리를 연습해보세요. 그런 후 글과 그림에 손가락으로 지목하여 큰 소리로 읽어요.

더 갵 핻 노 인텐션 오f 풀링 업 윗듕 츠위. 쉬 뤼치읻 아웃 앤 스크랱치읻 츠위 롸잍 온 더 노오스, "fffff." 츠위 크롸읻 아웃 인 패인 애스 더 캩 쿠읶클리 점프 오우v얼 더 f엔스 앤 랜 어왜이.		F f f
"포올, 츠위!" 셑 브렢. "쉬' 윌 노우 투 맆브 캩스 얼론, 넼스 타임," 히 뤼치읻 인투 더 뤼f으뤼지뤠읻뤄, 앤 풀욷 아웃 어 소오f트 쥬륀크. "쿠스스," 워스 더 싸운드 오f 더 애어 뤄슁 아웃 애스 히 푸욷 더 탶 어ff 더 캔.		X x 쿠스
아f으터 디이너, 더 호을 f애밀리 웥칟 어 무우v 투개덜. 잍 워스 프뤼리 굳. 원 캐랙털 워스 어 맨 후 쿠욷은트 히얼 v에뤼 웰. 히 캩 쌔잉 "에?" 웬에버 썸원 스포옥 투 힘. 히 쿠욷은트 언더스탠드 어 월드 데이 워 쌔잉. "댓 맨 슢 갵 히어링 애읻스," 쎋 맘. "히 쿧 히얼 머어치 베러 윝이듕 뎀." (e/egg)		E e 에
더 f올로윙 먼데이 모오닝, 어쥬뤼 앤 브뤹 툭 더 버스 투 스쿨. 애스 어쥬뤼 슬리입틑 인투 헐 데에스크, 쉬 써우 댓 어 클라스매잍 해드 브롵읕 어 스내잌 투 스쿨 인 어 캐이쥐. 데이 터얼드 어바웉 더 스내잌 듀륑 싸이언스 크올라스. 잍 슬리더얼드 어롸운 인 잍츠 캐이쥐, f을릭킹 잍츠 텅 인 앤 아웃 윋 어 소오f트 "스스스스" 싸운드.		S s 스/쓰
어쥬뤼 워얼큳 하앋 얼 모오닝. 앀f터얼 뤈치, 헐 클라스 웬트 아웃사이읻 f오올 뤼이쎄에스. 쉬 인조읻 점핑 롶 윋 허얼 f으뤤스. 더 롶 매읻 어 "즈,즈,즈," 싸운드 애스 잍 스을랲드 더 커언크뤼잍트.		J j 즈
아f으터 뤼이쎄에스 어쥬뤼 뤼얼라이즐 댓 헐 둥로욷 워스 허어링. 읻 해드 빈 쏘어올 얼 데이, 밭 나우 잍 워스 워얼스. 헐 티이철 쎄엔트 허 투 더 어f이스 투 씨 더 스쿨 너얼스. 어쥬뤼 오픈 헐 마우듕 와읻드 앤 쎋 "앟앟앟" 와읻드 더 너얼스 잌그재민드 헐 둥로웉. 덴 더 너얼스 툭 허얼 템퍼얼춰. "유 돈트 해앺브 어 f이버," 쎋 더 너얼스. "잍 윌 비 얼 롸읻 f오 유 투 고 백 투 크올라스." (o/ox)		O o 앟

© 2019 by Kathryn J. Davis
Korean Text © 2021 by Kook Jo

벡 인 더 클라스룸, 어쥬뤼 픽 업 허얼 펜슬 투 비긴 헐 알f으터얼눈 어싸인먼트. "크크크," 더 리이드 브롴 온 헐 펜슬 애스 쓘 잇터어치일 더 페이퍼얼 쉬 뤼이치입 인투 헐 데에스크 투 겟 아웃 어나덯얼 샤알픈드 펜슬. 읻 워스 어 굳 딯잉 쉬 햅 언 엑스트롸 원.		C c 크
앹 투우 어'클럭, 어쥬뤼 헐드 어 넉어크 앹 더 도얼, "드,드,드." 읻 워스 헐 f아덜, 덛덜.데이비이스, 커밍 투 헬프 스튜던스 월크 온 더 컴퓨러스 인 더 백 오f 더 룸. 읻 워슨트 어쥬뤼'스 튄 투 웕 온 더 컴퓨러스, 투데이, 쏘우 쉬 스마일드 앹 헐 대앹 앤 덴 컨티인유욷 웕 킹 온 헐 어싸인먼트.		D d 드
앹 디 엔드 오f 더 대이, 어쥬뤼 앤 브랩 맽 데얼 버스 그우루웊 인 더 호얼. 데얼 버스 티이철 웨잍튼 f올 데얼 그우루웊 투 비 커얼드. 애스 데이 스텝드 아웃싸이드, 데이 쿧 배얼뤼 씨 데얼 버스 인 더 디스턴스, 얼뤠디 온 잍스 왜이. "아아아!" 스크림드 어쥬뤼 앤 브랩. 얼 더 취일드뤤 웉 업셑. "읻'츠 오캐이," 쎋 더 티이철. "위욀 컬 욜 패애륀츠 투 컴 픽 유 업." (a/ant)		A a 아
더 취일드뤤 웨잍튼 인 더 어ff이스 f어얷 데얼 패애륀츠. 데이 쿧 히얼 더 싸운드 오f 더 v에큠 클리이너 애스 미쎄에스.테일뤄 v애큠드 더 뤄어그, "vvvvv".		V v v
브랩 워스 텋얼스티, 쏘 히 애슼클 f어얷 펄미션 투 고 투 더 호얼 투 겟 어 쥬링크 어f 워뤄. 히 웬트 스트뤠잍 투 더 워러 f아운틴. 히 턴언드 더 핸들을 앤 리인 오우v어얷 투 스윌로우 더 거슁 워뤄. "그,그,그,그" 웬트 더 워뤄 애스 읻 스트륌드 아욷 어f 더 f어셑.		G g 긍
웬 맘 얼라이븓 앹 스쿨 쉬 툭 뎀 스트뤠잍 투 더 덛더얼'스 어ff이스 투 겟 어쥬뤼'스 둘롴 체엒드. 쉬 원튿 투 비 쑈얼 읻 워슨'트 스트렙 통로욷드. 애스 데이 웨이륻 인 더 웨이링 루우움, 데이 웥칟 더 f이쉬 스윔 백 앤 f어얹 인 더 롸알쥐 아쿠아뤼움. 데이 쿧 히얼 더 "풍,풍,풍,풍," 싸운드 어f 디 애얼 퍼엄프 푸우슁 애얼 인투 더 워러.		P p 풍

Audrey looked up when she heard the "K, k, k" sound of the receptionist's heels stepping across the tile floor. "I need to ask you a question about your insurance," said Mrs. Kendrick to Audrey's mother. "Certainly," said her mother, as she stepped to the office counter.		K k
When Audrey's exam was finished, the doctor said that she didn't have strep throat after all. Mom was relieved. As Audrey, Brad and Mom returned to their car, Brad accidentally stepped on a piece of yucky bubble gum. "Yyyy," he said. He tried to scrape it off on the edge of the sidewalk.		Y y
Mom took the kids to the park on the way home. They sat at a picnic table and had a snack that she had packed. It was a pretty day. They could hear a mourning dove cooing in the distance, "coo, coo, coo." (qu/quilt)		Qu qu
Suddenly they heard a loud buzzing sound, "zzzzzzz." They turned to see an enormous swarm of bees moving through the air. It landed in a pine tree near their picnic table. Other bees flew around in the air nearby. "Let's go home," they all yelled in unison. And that is exactly what they did.		Z z
Part 2 Beyond The Alphabet Sounds A few weeks later, Audrey and Brad and mom and dad heard about a great new movie about a boy and his dog. So, they decided to go to the theater. At the theater, someone in front of them started talking on a cell phone. "Shhh," Mom said, leaning forward in her seat. (sh/ship)		sh
The movie was action packed and very exciting. Before they knew it, the movie was over. They were the last people to leave the theater. As they walked along the rows, they heard a squeaking sound, "eee, eee, eee." It was a tiny mouse scurrying along the floor under the seats. He was collecting dropped pieces of popcorn. (e/emu)		ē

두번째 파트는 싸운드 스토리에서 알파벳 이외의 소리를 정리하여 만들었어요.

At first, they didn't see the mouse. Then it ran right by Mom's foot. "Oh!" she exclaimed, jumping up on the nearest seat. "It's a mouse!" Audrey and Brad giggled a little. They were not afraid of a mouse. (o/ocean)		ō
A Snowy Day The next morning Audrey and Brad didn't go to school, because it was Saturday. It was cold in the house. Mom got up while it was still dark to boil water for some hot tea. A soft "ttthhhh" sound could be heard as the steam escaped from the tea kettle. (th/thumb)		th
Dad was up early, too. After his shower, he shaved with an electric razor. "Tttthhh," was the sound that it made as he trimmed off his whiskers. (th/this)		th
Before long, it was light enough to see outside. The sky was overcast, so the sun was covered by the clouds. Audrey sat up in bed and looked out the window. A white blanket of snow covered the ground. "Ooooo," she exclaimed. "It snowed last night!" (o/to)		ö
By this time Mom was calling everyone to come to breakfast. Brad pulled a paper out of his backpack and carried it downstairs. It was his spelling test for the week. He proudly hung it on the refrigerator. At the top of the paper was a large red A. (a/apron)		ā
When they were finished eating, Brad and Audrey got dressed and went outside. Everything was quiet. As they walked down the driveway, their feet crunched in the deep snow. Ch, ch, ch, ch. A few snowflakes were still falling. The whole neighborhood was beautiful. (ch/chicken)		ch

글자를 길게 읽는 소리로 정리했어요. 모음 이외의 소리 및 이중모음 oi, oy, ou, and ow, 그리고 이중자음. 큰 소리로 읽어요.

어쥬뤼 루욱 업 웬 쉬 허얼드 더 "쿵,쿵,쿵" 싸운드 오f 더 뤼쎄션니이스트'스 하이으을스 스텝핑 어크로우스 더 타아일 f을뤄. "아이 니이드 투 아스크 유 어 쿠에스쳔 어바웃 요얼 인쑈륀스. "쌛 미쎄스.켄드륌 투 어쥬뤼'스 마아덜. "써얼른리, 쌛 헐 마아덜, 애스 쉬 스텝드 투 더 어ff이스 카운터어.		K k 쿵
웬 어쥬뤼'스 이그젬 워스 f이니쉬읻, 더 덕어덜 쎋 댓 쉬 디이든'트 해엪 스트뤱 돌로욷트 아f으텉 얼. 맘 워스 윌리이v으. 애스 어쥬뤼, 브랟 앤 맘 뤼턴드 투 데얼 카아알, 브랟 앸씨이든리 스텝드 온 어 피이스 오f 염키 버블 거어엄. "이이이-, 히 쌛. 히 츄롸읻 투 스크뤱 읻 오ff 온 디 엗지 오f 더 싸이드월.		y y 이
맘 투욱 더 키읻스 투 더 파알크 온 더 왜이 호옴. 데이 쎋 앹 어 피크닉 테이블 앤 해애드 어 스낵 댙 쉬 해드 팩애크. 읻 워스 어 프뤼이리 대이. 대이 쿧 히얼 어 머어닝 도오v 쿠잉 인 더 디이스텐스, "쿠우, 쿠우, 쿠우." (qu/quilt)		Qu qu 쿠우
써어든리 데이 허얼드 어 롸우드 버엉짙 싸운드 "즁즁즁즁즁." 데이 터언드 투 씨 언 인노우뮐어스 스왐 오f 비이스 무우빙 트흐루우 디 애어. 읻 래앤드읻 인 어 파인 츄뤼 니얼 데얼 픽크닉 테이블. 어덜 비이스 f을루 어롸운드 인 디 애어 니어 바이. "렡'츠 고 호옴," 데이 얼 옐에드 인 유니이슨. 앤 댙 이스 익스젝틀뤼 윋 데이 디이드.		Z z 즁
파알트 - 투우 알파벳 이외외 소리 (비이욘 더 알파벧스 싸운스) 어 f유우 위잌스 래이러, 어쥬뤼 앤 브랟 앤 맘 앤 대애드 허얼드 어바웃 어 그뤠잍 뉴 무우비이 어바웉 어 보이 앤 히스 더어그. 쏘우, 데이 디이싸이든 투 고 투 더 팉이럴. 앹 더 팉이럴, 썸원 인 f으뤈트 오f 뎀 스타알트 터어킹 온 어 셀 포온. "쉳쉳쉳," 맘 쎋, 리이닝 f어워얼드 인 헐 씨읻트. (sh/ship)		sh 쉳
더 무우비이 워스 앸션 펙앸트 앤 배에뤼 잌싸이팅. 비이f어 데이 뉴 잍, 더 무우비이 워스 오우v얼. 데이 워 더 라스트 피이플 투 리이v으 더 팉이럴. 애스 데이 워억드 얼롱 더 뤄우스, 데이 허얼드 어 스쿠이킹 싸운드, "이, 이, 이." 읻 워스 어 타이니 마우스 스으커얼잉 얼롱 더 f을뤄어 언더 더 씨읻츠. 히 워스 컬렉딩 쥬롭들으 피이스으스 오f 파압코오온. (e/emu)		ē 이

두번째 파트는 사운드 스토리에서 알파벳 이외의 소리를 정리하여 만들었어요.

앹 f얼스트, 데이 디이든'트 씨이 더 마우스. 덴 잍 랜 롸잍 바이 맘's f우올트. "오우! 쉬 잌스크레임드, 점핑 업 온 더 뉘얼으스트 씨잍트. "잍츠, 어 마우스!" 어쥬뤼 앤 브랜 기이글올드 어 리를. 데이 워얼 널 어f으뤠이드 오f 어 마우스. (o/ocean)		ō 오우
-어 스노우위 대이- 더 넥스트 모오닝 어쥬뤼 앤 브랜 디이든'트 고우 투 스쿠울, 비이커어스 잍 워스 쌜러데이. 잍 워스 코올드 인 더 하우스. 맘 겉 업 와일 잍 워스 스티일 다알크 투 보오일 워러 f올 썸 헡 티이. 어 쏘어f트 "둫둫둫" 사운드 쿨 비 허얼드 애스 더 스티임 에스케이프 f으롬 티이 케에를. (th/thumb)		th 둫
앤 워어스 업 어얼리, 투우. 아f으털 히스 쌰아월, 히 쒜이블 윌 언 일렉츄릭 뢔이져얼. "툫툫툫," 워스 더 싸운드 댓 잍 매이드 애스 히 츄림드 오ff 히스 위이스커얼스. (th/this)		th 툫
비이f어올 롱, 잍 워어스 라잍 이넢흐 투 씨 아웉싸이드. 더 스카이 워스 오우v어캐스트, 쏘우 더 썬 워어스 커어버얼드 바이 더 클라웇스. 어쥬뤼 쌭 업 인 배에드 앤 뤂드 아웉 더 윈인도우. 어 와잍트 블랜캩트 오f 스노우 커어버얼드 더 그라운드. "우으," 쉬 잌스클레임드. "잍 스노우드 라슽 나잍! (o/to)		ö 우으
바이 디스 타임 맘 워어스 코올링 에브뤼원 투 컴 투 브뤸f어스트. 브랜 푸울드 어 패이퍼얼 아웉 오f 히스 백팩 앤 캐뤼이드 잍 다운스태얼스. 잍 워어스 히이스 스펠링 테스웉 f올 더 위이잌. 히 프라우들리 헝 잍 온 더 뤼이f으뤼지이에러러. 앹 더 톺 오f 더 패이퍼얼워어스 어 라알쥐 뤠드 애이. (a/apron)		ā 애이
웬 데이 워얼 f이니쉥 잍링, 브랜 앤 어쥬뤼 겉 쥬뤠슫드 앤 웬앤트 아웉싸이드. 에브뤼딩잉 워어스 콰이엍트. 애스 데이 워크 다운 더 쥬롸이브왜이, 데얼 f이잍트 크륀치이드 인 더 디이잎 스노우. 츙, 츙, 츙, 츙. 어 f유우 스노우f래잌스 윌 스티일 f얼링. 더 허얼 네이버얼훋 워스 뷰우뤼이f우울. (ch/chicken)		ch 츙

소리음절은 긴음절과 점음표로 된 소리가 있는데, 이 소리는 이중모음으로 oi, oy, ou, and ow가 있고 이중자음도 있어요.

두번째 파트는 사운드 스토리에서 알파벳 이외의 소리를 정리하여 만들었어요.

Audrey and Brad decided to have a snowball throwing contest. They took turns throwing the snowballs at the basketball backboard that stood beside the driveway. "Nnnggg," went the backboard as Brad's first snowball hit. "Nnngg," it sang out again as Audrey's snowball hit it, too. (ng/ring)		ng
Dad and Mom came outside to shovel the snow off of the front driveway. They all took turns shoveling the snow. Audrey and Brad worked hard, too. After a long time, the driveway was clear. "*You* two did a great job," said Mom. "Thanks for your help." (u/uniform)		ū
"Hey, now we have room to use our new pogo stick," said Brad. He ran into the garage and brought it out. He started to jump up and down with it on the driveway. "Oi, oi, oi," went the coiled spring on the pogo stick as he bounced up and down. (oi/oil, oy/boy)		oi oy
Audrey noticed some icicles hanging down from the front porch. As she reached up to get an icicle, she slipped on the icy concrete and fell. "Ou," she said in a loud voice as her elbow hit the icy pavement. Brad went to help Audrey up. She stood up carefully and rubbed her arm. She decided to leave the icicles where they were. (ou/ouch, ow/cow)		ou ow
Then Audrey and Brad decided to build a snowman. They rolled up balls of snow for the head and middle part of the snowman. Brad rolled up a huge ball of snow for the bottom of the snowman. He rolled until he couldn't go any farther. "Uuuhh," he said as he pushed hard against the giant snowball. "That's as far as I can go." (u/push)		ü
As they finished the snowman, they looked up and saw a large crow sitting in the tree beside their driveway. He flapped his wings and let out a loud "aw, aw, aw, aw" before he flew away. (a/all)		ä

소리음절은 긴음절과 점음표로 된 소리가 있는데, 이 소리는 이중모음으로 oi, oy, ou, and ow가 있고 이중자음도 있어요.

By this time both of the children were worn out. They were tired, cold, and wet from being out in the snow all morning. They went inside and changed into some warm dry clothes. Audrey's mom used the hair dryer to dry her damp hair. "Zzzzhhhh," was the sound of the hair dryer as it blew.   (The sound in measure, vision, garage, azure)

After eating peanut butter and jelly sandwiches and apples for lunch, everybody picked out a good book and curled up in front of the wood burning stove in the den to read for a while. They spent a cozy afternoon reading together.

Notes About the Alphabet

We have forty-one sounds in our language, but the alphabet has only twenty-six letters. This means that students cannot just study the alphabet when learning to read. It is also necessary for students to learn the "Beyond the Alphabet" sounds, which include long vowel sounds, dotted vowel sounds, and consonant digraph sounds.

Students must learn the following information about the sounds in our language in order to be able to process words when reading.

a) Each vowel can represent three different sounds.
   a/ant, ā/apron, ä/ball   e/egg, ē/emu, ë/ballet   i/in, ī/island, ï/pizza
   o/ox, ō/ocean, ö/to   u/up, ū/uniform, ü/push

b) There are two additional vowel sounds represented by vowel pairs.
   Sound # 1   ou/ouch, ow/cow   Sound # 2   oi/oil, oy/boy

c) There are five extra consonant sounds represented by consonant pairs, with one more that is not represented by a specific letter pattern.
   sh/ship   th/thumb   th/this   ch/chicken   ng/ring
   The sound in vision, measure, azure, garage

d) There can be more than one letter pattern to represent a particular sound.
   Vowels: a/apron, ai/rain, ay/play, a_e/safe   Consonants: f/fan, ph/phone, ugh/laugh

e) Sometimes single consonants represent more than one sound.
   c/cat, c/cent   g/gum, g/giant   x/box, x/xylophone

f) Sometimes pairs of letters represent more than one sound.
   Vowels: ou/ouch, ou/four, ou/soup   Consonants: ch/chicken, ch/chorus, ch/chef

g) The letter "r" after a vowel affects its sound.
   ar/car, ar/dollar, ar/carrot   er/her, er/heron   ir/bird
   or/horse, or/tractor, or/sorry   ur/turtle   wor/worm, ear/early, our/journal

h) The placement of a vowel within a syllable affects its sound.
   rab-bit, ra-ven   sev-en, se-cret   sil-ly, si-lent
   rob-in, ro-bot   muf-fin, mu-sic

i) These vowel patterns sometimes have the short u sound. They are called "umbrella" sounds.
   a/what   a/away   a/panda   o/son   o_e/love   ou/country

j) Some words cannot be "sounded out." Letters in these words do not represent the expected sounds. These words must be memorized.
   said   been   any   bury   friend

k) Some ending syllables must be learned as whole units; they cannot be "sounded out."
   sion/mansion   sion/vision   ture/future   cle/circle   ate/pirate

l) Words can be combined with prefixes, suffixes, or other words.
   Prefix: <u>un</u>happy   Suffix: sleep<u>ing</u>   Compound Word: mailbox   Contraction: doesn't

어쥬뤼 앤 브랩 디이싸이든 투 해애브 어 스노우볼 듷으로우윙 컨테스트. 데이 투움 터언스 듷으로윙 더 스노우보올스 앹 더 배스캣볼 뱁보올드 댙 스투우드 비싸이드 더 쥬라이브왜이. "은궁궁궁," 웬트 더 뱁보올드 애스 브랩'스 f얼슽 스노우볼 히잍트. "은궁궁궁," 잍 쌩 아웉 어개인 애스 어 쥬뤼'스 스노우볼 힡 잍, 투우. (ng/ring)		**ng** 은궁
댄 앤 맘 캐이임 아웉싸이드 투 셔블 더 스노우 오ff 오f 더 f륀트 쥬라이브왜이. 데이 얼 툭 터언스 셔블링 더 스노우. 어쥬뤼 앤 브랩 워얼크 하알드 투우. 아f으터얼 어 롱 타임, 더 쥬라이브왜이 워어스 클리어. "유우 투우 딛 어 그뤠잍 져어업," 셑 맘. "탱앵스 f얼 요얼 헤엘프." (u/uniform)		**ū** 유우
"헤이, 나우 위 해애브 루우움 투 유스 아우월 뉴 포우고 스틱," 쎋 브랩. 히 랜 인투 더 개라아짙 앤 브륕 잍 아웉. 히 스타앝트 투 져엄 프 업 앤 다운 윋 잍 온 더 쥬라이브왜이. "옹이,옹이,옹이" 웨엔트 더 코오일 스프으륑 온 더 포고 스틱 애스 히 바운슫 업 앤 다운. (oi/oil, oy/boy)		**oi oy** 옹이
어쥬뤼 노우리잍슫 썸 아이씨클올스 행잉 다운 f으롬 더 f으론트 포올 치. 애스 쉬 뤼이칟 업 투 겥 언 아이씨클, 쉬 스을리읻 온 더 아이씨 커언크뤼잍트 앤 f에엘 "앟우," 쉬 쎋 인 어 라우드 보이스 애스 헐 엘보우 힡 디 아이씨 패이브먼트. 브랩 웬트 투 헤엘프 어쥬뤼 업. 쉬 스투우드 업 캐f울리 앤 륍드 헐 암. 쉬 디이싸이든 투 리입 디 아이 씨클스 웨얼 데이 워. (ou/ouch, ow/cow)		**ou ow** 앟우
덴 어쥬뤼 앤 브랩 디싸이든 투 빌드 어 스노우맨. 데이 로올드 업 보올스 어우f 스노우 f오올 더 헤애드 앤 미들 파앝트 오어f 더 스노우 맨. 브랩 로올드 업 어 휴우쥐 볼 오우f 스노우 f오올 더 버얼럼 오우f 더 스노우맨. 히 로올드 언틸 히 쿠우'드은트 고 애니 f알더. "옹웅," 히 쎋 애스 히 푸우싣드 하알드 어게인스트 더 자이언트 스노우볼. 댙'스 애스 f아알 애스 아이 캔 고." (u/push)		**ü** 웅
애스 데이 f이니쉬읻 더 스노우맨, 데이 룩드 업 앤 써 어 라알지 크로오우 씨잍링 인 더 츄뤼 비싸읻 데얼 쥬라이브왜이. 히 f올랩드 히스 윙잉스 앤 랱 아웉 어 라욷 "엏,엏,엏,엏" 비이f오올 히 f을루우 어웨이. (a/all)		**ä** 엏

바이 디스 타임 보오둫 오우f 더 치일드륀 워 원 아웃. 데이 윌 타이얼드, 코올드, 앤 웰 f로오옴 비잉 아웃 인 더 스노우 얼 모오닝. 데이 웬트 인싸이드 앤 췌인짓일 인투 썸 쥬롸이 클로오둥스. 어쥬뤼'스 맘 유으슫 더 해어 쥬롸이얼 투우 쥬롸이 헐 댐프 해애얼. "즁즁즁즁즁즁," 워스 더 사운드 오우f 더 해애얼 쥬롸이얼 애스 잍 브을루우.

(소리는 메뤨, v이션, 엏쥩, 개롸쥩)

아f으털 잍팅 피이얻 벝뤄 앤 젤뤼 쌘앤드윋치이스 앤 애플스 f오올 륀취, 에v으뤼버디 핔드 아울 어 굳 북 앤 커얼드 업 인 f으런언트 오우f 더 우드 버어닝 스토오브 인 더 덴 투 뤼이읻 f오올 어 와이일. 데이 스펜트 어 코오짙 아f으터얼눈 뤼이딩 투게덜.

알파벳으로 반드시 알고 있어야 할 사항

영어 알파벳의 파닉스는 무려 41개의 소리를 갖고 있지만, 정작 알파벳 26자에는 그 소리가 모두 표기되어 있지 않습니다. 따라서 학생이 알파벳 26자의 소리를 다 배운다 하더라도 결국 독해를 할 때는 배워왔던 알파벳으로는 절대로 읽을 수 없음을 알 수 있습니다. 그러므로 알파벳 이외의 소리인 긴 모음, 점음표 소리, 이중 자음의 소리를 정확하게 배워야만 읽을 수 있게 됩니다. 학생은 아래의 내용을 반드시 숙지하고 있어야 영어의 읽기가 가능하며 아래의 설명을 보고 글을 읽을때의 과정을 설명하였습니다

a) 각각의 모음은 세 개의 각기 다른 소리가 있어요.
   a/ant, ā/apron, ä/ball   e/egg, ē/emu, ĕ/ballet   i/in, ī/island, ï/pizza
   o/ox, ō/ocean, ö/to   u/up, ū/uniform, ü/push

b) 쌍모음에는 두개의 소리가 추가되어 있어요.
   Sound #1 ou/ouch, ow/cow   Sound #2 oi/oil, oy/boy

c) 쌍자음에는 추가적으로 다섯 개의 소리가 있지만 특별한 글자 패턴으로 인해 모든 소리가 다 표기되어 있지 않아요.
   sh/ship   th/thumb   th/this   ch/chicken   ng/ring
   The sound in vision, measure, azure, garage

d) 한 글자 패턴에서는 하나 이상의 소리를 만들 수 있어요.
   Vowels: a/apron, ai/rain, ay/play, a_e/safe   Consonants: f/fan, ph/phone, ugh/laugh

e) 간혹 단자음은 하나 이상의 소리를 낼 수 있어요.
   c/cat, c/cent   g/gum, g/giant   x/box, x/xylophone

f) 간혹 글자가 한쌍으로 묶일 때 하나 이상의 소리를 만들 수 있어요.
   Vowels: ou/ouch, ou/four, ou/soup   Consonants: ch/chicken, ch/chorus, ch/chef

g) 알파벳 글자 'r'뒤에 자음이 붙으면 소리에 영향을 줍니다.
   ar/car, ar/dollar, ar/carrot   er/her, er/heron   ir/bird
   or/horse, or/tractor, or/sorry   ur/turtle   wor/worm, ear/early, our/journal

h) 모음이 어디 위치 하냐에 따라서 소리 음절에 영향을 줍니다.
   rab-bit, ra-ven   sev-en, se-cret   sil-ly, si-lent
   rob-in, ro-bot   muf-fin, mu-sic

i) 간혹 모음 패턴에서 짧은 u(엏) 소리가 있음. 이 소리는 "umbrella(언브뤨라)" 소리라고 해요.
   a/what   a/away   a/panda   o/son   o_e/love   ou/country

j) 간혹 다른 글자는 소리를 소리 그대로 낼 수 없어요.
   아래의 글자는 글자 소리를 그대로 읽을 수 없기에 단어 그래도 외워야 해요.
   said   been   any   bury   friend

k) 간혹 끝음절의 소리는 반드시 소리 그대로 읽어야 하고, 절대로 다른 소리로 만들 수 없어요.
   sion/mansion   sion/vision   ture/future   cle/circle   ate/pirate

l) 글자는 접두사, 접미사 그리고 다른 글자와 결합하여 소리가 만들어 질 수 있어요.
   Prefix: <u>un</u>happy   **Suffix:** sleep<u>ing</u>   **Compound Word:** mailbox   **Contraction:** doesn't

몇몇 개의 글자에서는 하나 이상의 소리를 낼 수 있어요. 한번 소리 내어 읽어보고 각 글자의 소리를 연습해보세요.

Alphabet 알파벳			간혹 글자에는 하나 이상의 소리가 있을 수 있어요.
a 아 ā 애이 ä 엏	b 브	c 크	d 드
i 이(짧) ī 아이	j 즈	k 크	l 을
qu 쿠우	r 엃	s 스 s 즈	t 트	u 엏 ū 유우 ü 웅

Alphabet 알파벳

간혹 글자에는 하나 이상의 소리가 있을 수 있어요.

e 에 ē 이(긴)	f f	g 즁, 궁	h 헝
m 음	n 은	o 알 ō 오우 ö 우으	p 풍

v v	w 욯으	x 쿵스	y 이	z 즁

Short Vowels Closed Syllables	Long Vowels Open Syllables	Dotted Vowels
쑈오틑 v앙울스 클뤄우슨 씰라블스	룅 v앙울스 오픈든 씰라블스	더엍룽은 v앙울스
a ax 액스	ā ra ven 뤠애이 v울은	ä all 얼을
e egg 에긓	ē be gin 비이 긯인은	
i in 인은	ī li lac 라아이 라앜크	
o ox 앜스	ō ro bot 로오우 버옅트	ö to 투우으
u up 엎픟	ū tu lip 튜유우 리잎픟 mu sic 뮤유우 씨잌크	ü bush 부웂쉬

한번 각 모음의 소리를 아래로 또는 가로질러 읽어보세요.

© 2019 by Kathryn J. Davis
Korean Text © 2021 by Kook Jo

Phonetic Words And Stories - Book 1
DoranDoran Phonics - Book 1

Consonant Patterns (자음패턴)

sh  쉬이	th  뜽 th  틍	ch  춤
wh  옳으 wh  헣 글자 안에 wh 패턴 뒤에 o가 바로 사용이 될 때는 h(헣)의 소리를 지니게 돼요. /h/ 단어 소리의 예): who, whom, whose, whole.		이곳에 위치한 패턴은 이중 자음으로 두 개의 글로 이루어져 각 각의 소리가 하나로 소리 날 경우 단 독음으로 읽게 되는 경우를 얘기해요. 각각의 소리 연습하고 또는 글을 따로 소리 내어 읽어보세요.

학생은 각 소리의 패턴을 읽어보아요.

Ending Consonant Patterns (끝 겹자음 패턴)

ck  쿵	tch  칗	nch  은칗
ack 앜쿵	atch 앹칗	anch 앤칗
eck 엨쿵	etch 엩칗	ench 엔칗
ick 잌쿵	itch 잍칗	inch 인칗
ock 앜쿵	otch 앝칗	onch 안칗
uck 엌쿵	utch 엍칗	unch 언칗

ng  은궁	nk  은쿵	
ang 앤궁	ank 앤쿵	
ing 인궁	ink 인쿵	결합된 글자의 소리를 한번 읽어보아요.
ong 안궁	onk 안쿵	끝 겹자 자음 패턴은 짧은 모음 이후 사용되는 소리예요.
ung 언궁	unk 언쿵	

Bossy R Patterns 붜씨 엏 팽애륀스

글자 R은 소리가 매우 강해요. 따라서 앞에 모음의 소리가 있으면 모음에게 미리 어떤 소리로 잃을지 미리 제시해요. 조심하세요! 우리가 읽을 때의 소리가 다르게 들릴 수도 있어요.

ōr 오얼

선생님은 학생에게 엎브렐라 스토리를 크게 읽어주세요.

학생은 글자의 패턴을 하나씩 소리 내어 읽을 수 있도록 해요.

Umbrella Vowels 엄브렐라 v앙울스

글자 중에 모음 소리는 간혹 그 소리 그대로 내지 않는 경우가 있어요. 우리는 그 소리를 '짧 u 소리'라고 해요.

a 엏

o 엏

oi 옹이

글자 중심에 있을 때

oy 옹이

글자 끝에 올 때

더 스토뤼 엏바울 뒹엏 Umbrella 모음

하루는 모음이 밖으로 산책을 나갔어요. 그런데 갑자기 비가 오기 시작했어요. 그래서 글자 U는 항상 간직했던 우산을 크게 펼쳤어요. 항상 지니고 있던 "umbrella(우산)"는 항상 소리가 "uh" 소리가 먼저 나와요. 그날 다른 모음 A, E, I 그리고 O는 비오는 날에 같이 우산을 써도 되는지 U한테 물어봤어요. 그랬더니 "U"는 "그럼! 사용할 수 있지, 하지만 한 가지만 나와 약속을 해줘야만 해, 그건 바로 내 우산을 사용하게 되면 "uh" 소리를 꼭 먼저 내야 해" 이 말을 들은 다른 모음들은 매우 슬펐어요. 왜냐하면, 다른 모음들은 자신들만의 소리를 간직하고 싶었거든요. 비는 더 거칠게 쏟아지고 다른 모음들은 비를 피하기 위해 "U"에게 부탁을 했는데 "U"는 자신의 한 약속을 지킨다면 A, E, I,그리고 O 글자들이 우산 속으로 들어올 수 있게 허락해줬어요. 그래서 지금까지 간혹 다른 모음 소리에서도 "uh" 소리를 오늘날까지 사용하게 되어 이 발음을 "umbrella" 소리 표현을 해요.

ow 앙우

ou 앙우

Odd O Patterns

특이한 o 패턴

특이한 O 패턴의 소리는 어떤 소리를 낼지 미리 예상하여 읽는 것이 아닌 소리를 외워서 읽어야 올바른 소리로 읽을 수 있습니다.

Bossy R Patterns 보읗씨 R 패런스

글자 R은 소리가 매우 까다로운 편이에요. 만약 모음 뒤에 소리가 오면 어떤 소리를 낼지 미리 예상할 수 있지만 **항상 조심해야해요**! 왜냐하면 우리가 알고 있던 소리와 다를 수도 있거든요.

ōr 오얼

horse 호오얼스

이 페이지에서는 학생이 직접 글자의 소리를 직접 읽을 수 있도록 해요.

Umbrella Vowels 엄브렐라 v앙울스

가끔 모음에서 모음의 규치적인 소리를 내지 않을 때가 있어요. 그때는 짧은 u 소리가 대신 해서 사용 될 수 있어요.

a 엉

what 웡엍트

o 엉

son 써언은

oi 옹이

coin 코옹이은

oy 옹이

boy 보옹이

ow 앙우

cow 카앙우

Odd O Patterns

특이한 o 패턴

ou 앙우

ouch 앙우치

특이한 O 패턴의 소리는 어떤 소리를 낼지 미리 예상하여 읽는 것이 아닌 소리를 외워서 읽어야 올바른 소리로 읽을 수 있습니다.

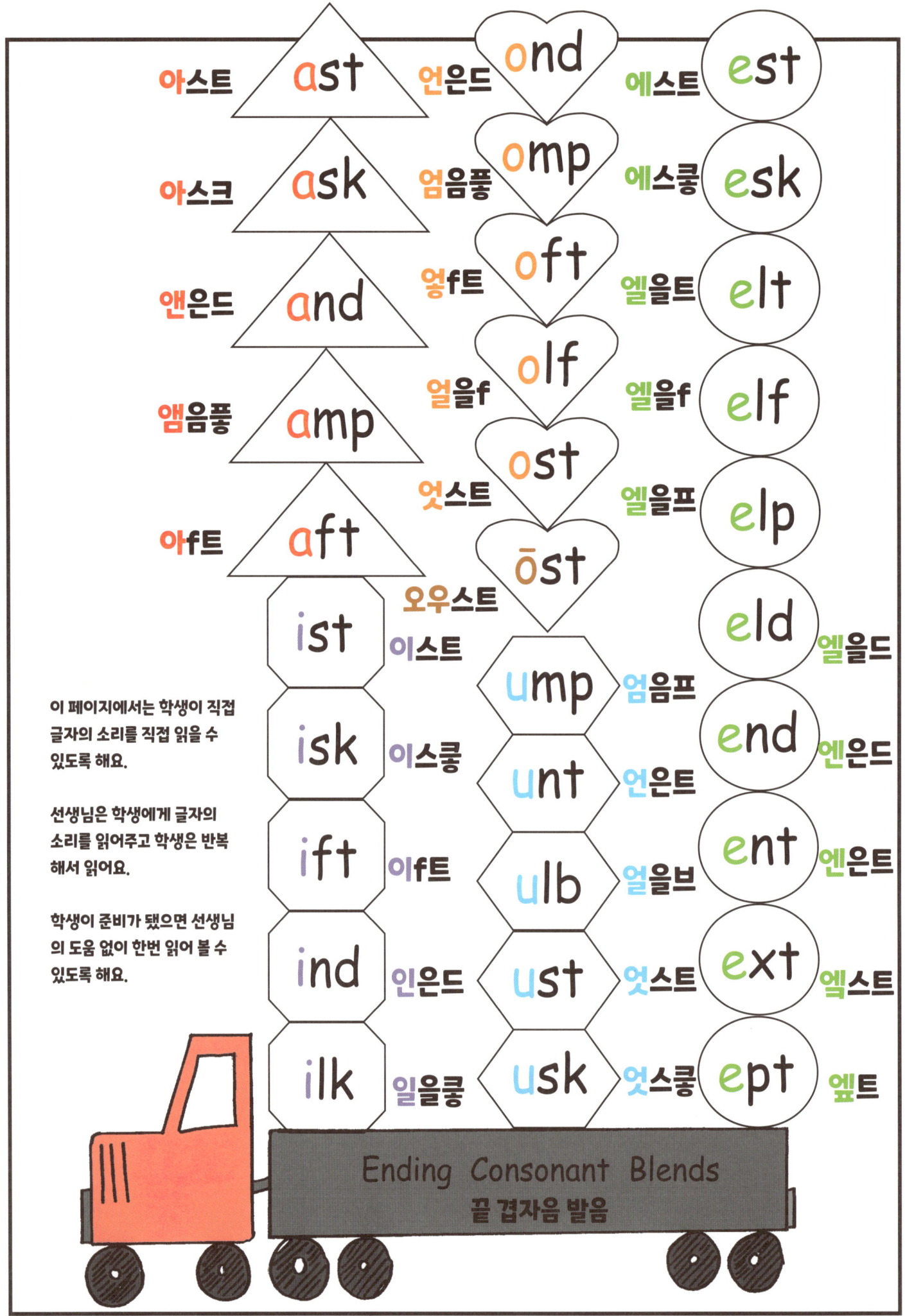

이 페이지에서는 학생이 직접 글자의 소리를 직접 읽을 수 있도록 해요.

선생님은 학생에게 글자의 소리를 읽어주고 학생은 반복해서 읽어요.

학생이 준비가 됐으면 선생님의 도움 없이 한번 읽어 볼 수 있도록 해요.

스트 st	크을 cl	풍엃 pr
스풉 sp	f을 fl	트엃 tr
스음 sm	궁을 gl	브엃 br
스은 sn	풍을 pl	크엃 cr
스크 sc	스을 sl	드엃 dr
스쿵 sk	브을 bl	f엃 fr
스윌 sw	스풍을 spl	궁엃 gr
스쿵 squ	트윌 tw	스커엃 scr
	드윌 dw	스퍼엃 spr
		스터엃 str

Beginning Consonant Blends
첫 겹자음 발음

Syllable Patterns
(음절 패턴)

- 글자는 하나 그리고 그 이상의 음절로 만들어져 있어요. 각 음절에는 모음과 자음으로 구성되어 발음을 올바르게 구성할 수 있게 도움을 줘요. 그리고 글의 음절은 다른 말로 리듬을 지니고 있기 때문에 하나의 유닛으로 표현을 해요.
- 음절 중에 모음 뒤에 자음이 오면 그것을 폐음절이라고 해요. 폐음절이란 모음의 소리가 대체적으로 단모음으로 구성되어 있어요.
- 음절 중에 모음이 끝에 붙으면 그것을 개음절이라고 해요. 개음절이란 모음이 맨 끝에 붙으면 일반적으로 소리가 장모음으로 구성되어 있어요.

CLOSED SYLLABLE 폐음절 (Words)	CLOSED SYLLABLE 폐음절 (Words)	OPEN SYLLABLE 개음절 (Words)	OPEN SYLLABLE 개음절 (First Syllables Only)
ax 앶스	ran 래앤은		rā 래애이 
egg 에굴	ten 테에은	wē 위이	bē 비이 
ill 일을	fin f인은	hī 항아이	lī 라아이 
off 어ff	box 버앗숭	gō 공오우	rō 로오우 
us 엇스	cut 커엍트	flū f을우	tū 튜유우  mū 뮤유우 

Syllable Patterns
(음절 패턴)

학생은 첫번째부터 세번째 열까지 읽어보아요.

네 번째 열: 선생님이 발음해주시는 것을 잘 들어요: ra-ven, be-gin, li-lac, ro-bot, tu-lip, mu-sic. 학생은 첫 번째 열부터 끝까지 전체 글을 읽어봐요. read the first syllable and then say the whole word.

Suffix Review
접미사 뤼뷰

Contractions
축약형

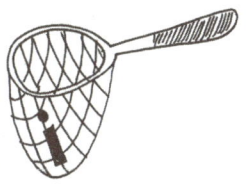

he is 히 이즈
he's 히'즈

she is 쉬 이즈
she's 쉬'즈

it is 잍트 이스
it's 잍트'스

that is 댙 이스
that's 댙'스

what is 웥 이스
what's 웥'스

who is 후 이즈
who's 후'즈

when is 웬 이즈
when's 웬'즈

cat 캩
cats 캩'스
run 륀
runs 륀'즈

각 글자를 읽고, 축약형도 같이 읽어보아요.

글자를 소리와 맞게 소리내어 읽어보세요.

Alphabet 알파벳

간혹 글자에는 하나 이상의 소리는 낼 수 있어요.

a 아	b 브	c ㅋ / ck ㅋ	d 드
i 이 (짧)	j 즈	k 쿵 / ck 쿵	l 을
qu 쿠우	r 얼ㅇ	s 스	t 트	u 엉 / a(☂) 엉 / o(☂) 엉

글자를 소리와 맞게 소리내어 읽어보세요.

Alphabet 알파벳			간혹 글자에는 하나 이상의 소리는 낼 수 있어요.
e 에	f f	g 굴	h 헝 wh 헝
m 음	n 은	o 앟	p 풀
v v _ve v	w 웅으 wh 웅으	x 쿵스	y 이	z 즁 s 즁

음절 공부, 폐음절: 폐음절의 경우 음절의 소리가 일반적으로 단모음으로 구성되어 있어요.

아래의 단어들을 보면 이 단어들을 폐음절이라고 해요. 반드시 알아둬야 할 사항은 모음 또는 자음이든지 폐음절 앞에 단모음의 소리가 올 수 있어요.

1. a → x   ax
   아   쿠스   액스

2. i → ll   ill
   이   롱을   일을

3. o → ff   off
   앟   ff   엏ff

4. e → gg   egg
   에   궁   에궁

5. u → s   us
   엉   스   엇스

6. f → i → n   fin
   f   이   은   f인은

7. r → a → n   ran
   읋   아   은   랜앤은

8. c → u → t   cut
   크   엉   트   커엍트

9. t → e → n   ten
   트   에   은   테엔은

10. b → o → x   box
    브   앟   쿠스   버엌스

2) 선생님은 앞 장의 그림 A 부터 J까지 보고 각 단어의 소리를 따로 읽어주세요. 학생은 첫 번째 열부터 글자를 읽고, 글을 읽을 때 최대한 글의 음절이 부드럽게 이어서 읽어지도록 연습하세요. 3) 두 번째 열에서는 학생이 위에서 아래로 글을 읽고 첫 번째 열에서와 같이 소리를 최대한 비슷하게 읽어보아요.

이 썬글라스는 일견 단어라는 것을 의미해요. 일견 단어란 소리 그대로의 소리를 지니지 않는 것을 의미해요.

S z 중

  **A** 엉 **a** 엉

Sight	일견
Word	단어
Review	

간혹 글자 s는 z 소리와 비슷하게 날때도 있어요.

이 글자에서는 글자 a는 짧은 u 소리가 날 경우가 있는데 이 소리는 우리가 u/umbrella 소리와 유사하게 소리를 만들어요.

 **is** 이중
 **his** 히이중
 **as** 애중
 **has** 해애중

 **A** 엉
 **a** 엉
 **I** 아이

 **I** 아이

글자 i는 아주 긴 i 소리가 있어요.
주로 대문자에서 사용되는 소리에요.

A.

B.

C.

D.

E.

F.

각 글자를 쓰여진 순서대로 읽어보고, 일견단어도 함께 읽어요.

© 2019 by Kathryn J. Davis
Korean Text © 2021 by Kook Jo

Phonetic Words And Stories - Book 1
DoranDoran Phonics - Book 1

Sentences

1. Jeff has a pig.
제에ff 해애즈 엏 핔익궁.

2. It is a big bell.
잍트 이즈 엏 비익궁 베엘을.

3. I will hit it.
아이 위일을 히잍트 잍트.

4. Gus is in his van.
겊엏스 이즈 인은 히이즈 v앤은.

5. Dan has a cat.
대앤은 해애즈 엏 캐앹트.

6. It is as big as a bus.
잍트 이즈 애즈 비익궁 애즈 엏 버엏스.

문장을 소리내어 읽으세요.

그림 및 글자의 관련된 답안지는 161페이지에서 확인할수 있어요.

sh 쉬

여기서는 이중 자음을 배우게 돼요. 여기서 h의 발음은 글자 그대로의 소리를 지니고 있지 않아요.
각 각의 두 글자가 모여야 완전한 소리로 만들어지게 돼요.

A.

B.

C.

D.

E.

F.

G.

H.

I.

J.

1) 선생님은 첫 번째 단어를 보고 하나씩, 발음을 정확하게 하여 각 각의 소리를 따로 읽어보아요. 학생은 그림을 보고(그림에 보이는 알고 있는 단어만 읽어보게 해요) 글의 소리를 붙여 읽어보고 각 단어의 맞는 단어를 찾아 읽어보아요.

| | sh |  |

1. sh → i → p   ship
   쉬   이   풍   쉬잎풍

2. sh → o → p   shop
   쉬   앙   풍   셔엎풍

3. sh → o → t   shot
   쉬   앙   트   셔엍트

4. sh → e → ll   shell
   쉬   에   을   쉐엘을

5. sh → u → t   shut
   쉬   엉   트   셔엍트

6. f → i → sh   fish
   f   이   쉬   f이쉬

7. d → i → sh   dish
   드   이   쉬   디이쉬

8. c → a → sh   cash
   크   아   쉬   캐애쉬

9. m → a → sh   mash
   음   아   쉬   매애쉬

10. r → u → sh   rush
    엉   엉   쉬   러엉쉬

2) 선생님은 앞 장의 그림 A 부터 J까지 보고 각 단어의 소리를 따로 읽어주세요. 학생은 첫 번째 열부터 글자를 읽고, 글을 읽을 때 최대한 글의 음절이 부드럽게 이어서 읽어지도록 연습하세요. 3) 두 번째 열에서는 학생이 위에서 아래로 글을 읽고 첫 번째 열에서와 같이 소리를 최대한 비슷하게 읽어보아요.

© 2019 by Kathryn J. Davis
Korean Text © 2021 by Kook Jo

Phonetic Words And Stories - Book 1
DoranDoran Phonics - Book 1

Sight words: of, was

1. s → o → n　　son
　　쓰　엉　은　　써엉은

2. w → o → n　　won
　　우으　엉　은　　월엉은

3. t → o → n　　ton
　　트　엉　은　　터엉은

4. o → f　　of
　　엉　f　　엉f

5. f → r → o → m　　from
　　f　얾　엉　음　　f럼엉음

6. f → r → o → n → t　　front
　　f　얾　엉　은　트　　f엉런트

7. o → v → e → n　　oven
　　엉　v　에　은　　엉v은은

1. w → a → s　　was
　　우으　엉　즈　　워엇즈

2. wh → a → t　　what
　　우으　엉　트　　워엍트

글자 중 사람, 장소, 또는 사물을 얘기할 때는 명사이며, 명사 뒤에 _s를 붙이면 하나 이상의 것을 의미해요.

1. son
   써언은

2. son → s͡ᶻ   sons
   써언은   즈   써언즈

3. shell
   쉐엘을

4. shell → s͡ᶻ   shells
   쉐엘을   즈   쉐엘즈

5. ship
   쉬잎풍

6. ship → s   ships
   쉬잎풍   스   쉬잎스

글자를 하나씩 읽으세요.

음절 끝에 단모음이 오게될 경우 주로 장모음으로 소리를 내요.
우리의 이름을 말할 때 "아이"라고 표현하듯이요.

ī 아이

이러한 음절을 우리는 한글로 개음절이라고 해요.
(모음으로 끝나는 음절)

I 아이

hi 하아이

첫 음절을 읽어보세요. 선생님이 읽어주시는 단어를 들어봐요. 반복해서 읽어봐요.

ti 타아이

bi 바아이

li 라아이

vi v아이

qui 콰아이

pi 파아이

si 싸아이

mi 마아이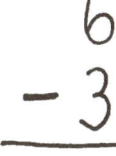

i 아이

i 아이

tiger, lilac, quiet, silo, ivy | bison, visor, pilot, minus, icing

음절 끝에 단모음이 오게될 경우 주로 장모음으로 소리를 내요.
우리의 이름을 말할 때 "아이"라고 표현하듯이요.

ē 이

이러한 음절을 우리는 한글로 개음절이라고 해요.
(모음으로 끝나는 음절)

Ve v이	fe f이
re 뤼이	te 티이
be 비이	ze 즤이
se 씨이	be 비이
e 이	e 이

첫 음절을 읽어보세요. 선생님이 읽어주시는 단어를 들어봐요. 반복해서 읽어봐요.

Venus, refund, begin, secret, equal	fever, tepee, zero, beside, egret

음절 끝에 단모음이 오게될 경우 주로 장모음으로 소리를 내요.
우리의 이름을 말할 때 "아이"라고 표현하듯이요.

ē 이

1. h → e
   헣   이
   he
   히이

2. sh → e
   쉬   이
   she
   쉬이

3. w → e
   웅으   이
   we
   위이

4. m → e
   음   이
   me
   미이

5. b → e
   브   이
   be
   비이

A.

B.
She will be six on her birthday.

C.

D.

E.

ē 이

1) 선생님은 첫 번째 단어를 보고 하나씩, 발음을 정확하게 하여 각 각의 소리를 따로 읽어보아요. 학생은 그림을 보고(그림에 보이는 알고 있는 단어만 읽어보게 해요) 글의 소리를 붙여 읽어보고 각 단어의 맞는 단어를 찾아 읽어보아요.

음절 끝에 단모음이 오게될 경우 주로 장모음으로 소리를 내요.
우리의 이름을 말할 때 "아이"라고 표현하듯이요.

ō 오우

이러한 음절을 우리는 한글로 개음절이라고 해요.
(모음으로 끝나는 음절)

o 오우

to 투우

ro 로우

o 오우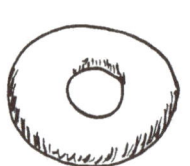

do 도우

po 포우

bo 보우

o 오우

to 통오우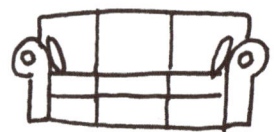

so 쏘오우

첫 음절을 읽어보세요. 선생님이 읽어주시는 단어를 들어봐요. 반복해서 읽어봐요.

| open, robot, donut, bonus, topaz | total, oboe, pony, over, sofa |

음절 끝에 단모음이 오게될 경우 주로 장모음으로 소리를 내요.
우리의 이름을 말할 때 "아이"라고 표현하듯이요.

ō 오우

1. g → ō   go
    굳   오우   고우

2. n → ō   no
    은   우   노우

3. s → ō   so
    쓰   우   쏘우

4. y → ō   y → ō   yo-yo
    이   오 이   오   요오-요오

A.

B.

C.

D.
She is <u>so</u> hot.

ō

1) 선생님은 첫 번째 단어를 보고 하나씩, 발음을 정확하게 하여 각 각의 소리를 따로 읽어보아요. 학생은 그림을 보고(그림에 보이는 알고 있는 단어만 읽어보게 해요)
글의 소리를 붙여 읽어보고 각 단어의 맞는 단어를 찾아 읽어보아요.

Questions and Statements

1. Is it a fish?
   이스 잍트 엏 f이쉬?
   Yes, it is a fish.
   예에스, 잍트 이스 엏 f이쉬.

2. Is it a big ship?
   이스 잍트 엏 비익굳 쉬잎풍?
   No, it is not a big ship.
   노우, 잍트 이스 너엍트 엏 비익굳 쉬잎풍.

3. Is it a pet shop?
   이스 잍트 엏 페에통 쎠엎풍?
   Yes, it is a pet shop.
   예에스, 잍트 이스 엏 페엩통 쎠엎풍.

4. Did he win?
   디잍듣 히이 위인읁?
   Yes, he won.
   예에스, 히이 워언은.

문장을 소리내어 읽으세요.

Questions and Statements

1. Is it a fish?
   물고기 인가요?
   Yes, it is a fish.
   네, 물고기 맞아요.

2. Is it a big ship?
   큰 배인가요?
   No, it is not a big ship.
   아니요, 큰 배는 아니예요.

3. Is it a pet shop?
   애완용 가게인가요?
   Yes, it is a pet shop.
   네, 애완용 가게 맞아요.

4. Did he win?
   우승했나요?
   Yes, he won.
   네, 우승했어요.

문장을 소리내어 읽으세요.

A Fish
엏 f이쉬

Jan has a fish.
재앤은 해애즛 엏 f이쉬.

She got it at a pet shop.
쉬이 겋엍트 이트 앹트 엏 페엩트 쎠엎풉.

It is in front of a big shell.
잍트 이즟 인은 f뤄엏은트 엏f 엏 비이귿 쉐엘을.

It has fins. It can swim.
잍트 해애즛 f인은즛. 잍트 캐앤은 스위임.

Jan is glad she has a fish.
재앤은 이즟 글을애드 쉬이 해애즛 엏 f이쉬.

A Fish
물고기

Jan has a fish.
잰에게 물고기가 있어요.

She got it at a pet shop.
잰은 애완용 가게에서 사왔어요.

It is in front of a big shell.
지금은 큰 조개 앞에 있어요.

It has fins. It can swim.
지느러미가 있고. 헤엄도쳐요.

Jan is glad she has a fish.
잰은 물고기가 있게 되어 좋았어요.

이야기를 읽으세요.

th소리에는 두개의 소리가 있어요. 첫번째 th 소리를 알려드릴께요.　　　　　　　　　　　　　　　　　　Sight word: both

th 둥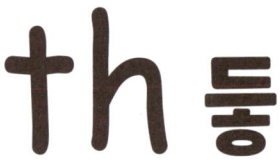

이곳에서 배울 소리를 이중 자음 소리예요. 글자 t 나 h에 들어갈 소리가 그대로 만들어지지 않아요. 이 두 글자는 같이 붙어서 나는 소리이며 완전히 다른가 만들어져요. 이 두 글자의 발음을 하려면 우선 윗니와 아랫니 사이에 혀를 살짝 걸쳐서 숨을 내쉴 때 나는 소리예요. 이 소리는 "무성음"이고, 성대에서 나지 않는 소리예요.

A.

$$\begin{array}{r}5\\+5\\\hline 10\end{array}$$

B.

C.

D.

E.

F.

G.

H.

I.

J.

1) 선생님은 첫 번째 단어를 보고 하나씩, 발음을 정확하게 하여 각 각의 소리를 따로 읽어보아요. 학생은 그림을 보고(그림에 보이는 알고 있는 단어만 읽어보게 해요) 글의 소리를 붙여 읽어보고 각 단어의 맞는 단어를 찾아 읽어보아요.

th둫

1. th → i → n   thin
   둫 이 은   둫인은

2. th → u → d   thud
   둫 엉 드   둫어드

3. th → u → mb   thumb
   둫 엉 음   둫엄음

4. B → e → th   Beth
   브 에 둫   베에둫

5. S → e → th   Seth
   쓰 에 둫   쎄에둫

6. b → a → th   bath
   브 아 둫   배애둫

7. m → a → th   math
   음 아 둫   매애둫

8. p → a → th   path
   풀 아 둫   패애둫

9. m → o → th   moth
   음 앟 둫   모엏둫

10. w → i → th   with
    웋으 이 둫   위이둫

2) 선생님은 앞 장의 그림 A 부터 J까지 보고 각 단어의 소리를 따로 읽어주세요. 학생은 첫 번째 열부터 글자를 읽고, 글을 읽을 때 최대한 글의 음절이 부드럽게 이어서 읽어지도록 연습하세요. 3) 두 번째 열에서는 학생이 위에서 아래로 글을 읽고 첫 번째 열에서와 같이 소리를 최대한 비슷하게 읽어보아요.

th의 두번째 소리에요. 두번째 소리에요.

th 퉁

1. th → i → s   this
   퉁   이   스   퉁이스

2. th → a → t   that
   퉁   아   트   탱앹트

3. th → e → m   them
   퉁   에   음   템엠음

4. th → e → n   then
   퉁   에   은   텐엔은

A.
I see them.

B.
That flower is pretty.

C.
Then we will go to P.E.

D.
This flower is pretty, too.

th 퉁

이곳에서 배울 소리를 이중 자음 소리에요. 글자 t 나 h에 들어갈 소리가 그대로 만들어지지 않아요. 이 두 글자는 같이 붙어서 나는 소리이며 완전히 다른가 만들어져요. 이 두 글자의 발음을 하려면 우선 윗니와 아랫니 사이에 혀를 살짝 걸쳐서 숨을 내쉴때 나는 소리에요. 이 소리는 "유성음"이고. 성대로 직접 소리를 내세요.

1) 선생님은 첫 번째 단어를 보고 하나씩, 발음을 정확하게 하여 각 각의 소리를 따로 읽어보아요. 학생은 그림을 보고(그림에 보이는 알고 있는 단어만 읽어보게 해요) 글의 소리를 붙여 읽어보고 각 단어의 맞는 단어를 찾아 읽어보아요.

Sight word: the

the 덯엏

Sight Word

1. the bug
   덯엏 버억궁

2. the cat
   덯엏 캐앹트

3. the dog
   덯엏 더억궁

4. the bell
   덯엏 베엘을

5. the pig
   덯엏 피익궁

6. the moth
   덯엏 머어듕

7. the fish
   덯엏 f이쉬

문장을 소리내어 읽으세요.

I Wish
아이 위이쉬

This is a cat.
팋이스 이즁 엏 캐앹트.

That is a dog.
땓앹트 이즁 엏 더억궁.

This is a pig.
팋이스 이즁 엏 핓익궁.

That is a frog.
땓앹트 이즁 엏 f뤄억궁.

이야기를 읽으세요.

I Wish
나는 바래요

This is a cat.
고양이에요.

That is a dog.
강아지에요.

This is a pig.
돼지에요.

That is a frog.
개구리에요.

이야기를 읽으세요.

I wish I had a cat.
아이 위이쉬 아이 해애드 엏 캐앹트.

I wish I had a dog.
아이 위이쉬 아이 해애드 엏 더억궁.

I wish I had a pig.
아이 위이쉬 아이 해애드 엏 피잌궁.

I wish I had a frog.
아이 위이쉬 아이 해애드 엏 f뤄억궁.

이야기를 읽으세요.

I wish I had a cat.
나에게 고양이가 있었으면 좋겠어요.

I wish I had a dog.
나에게 강아지가 있었으면 좋겠어요.

I wish I had a pig.
나에게 돼지가 있었으면 좋겠어요.

I wish I had a frog.
나에게 개구리가 있었으면 좋겠어요.

이야기를 읽으세요.

그림 및 글자의 관련된 답안지는 163페이지에서 확인할수 있어요.

ast 아스트 **aft** 아f트 **amp** 앰음풍

ask 아스쿵   **and** 앤은드

두 개의 자음이 나란히 있을 때는 단모음이 붙어와요. 우리는 한글로 이것을 '끝 겹자발음'이라고 해요. 평상시의 소리를 지니고 있고, 한번 손가락으로 글 위에 올려놓고 옆으로 한번 소리 내어 부드럽게 읽어보세요.

A.

B.

C.
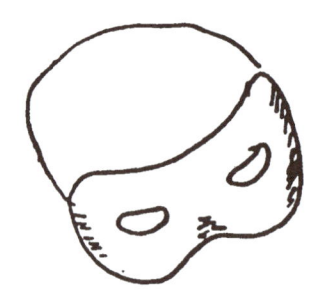

D.

E.

F.

G.

H.

I.

J.

1) 선생님은 첫 번째 단어를 보고 하나씩, 발음을 정확하게 하여 각 각의 소리를 따로 읽어보아요. 학생은 그림을 보고(그림에 보이는 알고 있는 단어만 읽어보게 해요) 글의 소리를 붙여 읽어보고 각 단어의 맞는 단어를 찾아 읽어보아요.

1. f → a → s → t   fast
   f   아   스   트   f앳스트

2. l → a → s → t   last
   을   아   스   트   라앗스트

3. r → a → f → t   raft
   앏   아   f   트   래앳f트

4. h → a → n → d   hand
   헣   아   은   드   해앳은드

5. s → a → n → d   sand
   쓰   아   은   드   쌔앳은드

6. l → a → n → d   land
   을   아   은   드   래앳은드

7. l → a → m → p   lamp
   을   아   음   풒   래앰음풒

8. c → a → m → p   camp
   크   아   음   풒   캐앰음풒

9. m → a → s → k   mask
   음   아   스   쿵   매앳스쿵

10. a → s → k   ask
    아   스   쿵   앳스쿵

2) 선생님은 앞 장의 <u>그림</u> A 부터 J까지 보고 각 단어의 소리를 따로 읽어주세요. 학생은 첫 번째 열부터 글자를 읽고, 글을 읽을 때 최대한 글의 음절이 부드럽게 이어서 읽어지도록 연습하세요. **3)** 두 번째 열에서는 학생이 위에서 아래로 글을 읽고 첫 번째 열에서와 같이 소리를 최대한 비슷하게 읽어보아요.

Sentences

1. A shell is in the sand.
   엏 쉐엘을 이즈 인은 덯엏 쌔앤은드.

2. His hand is in a cast
   히이스 해앤은드 이즈 인은 엏 캐애스트.
   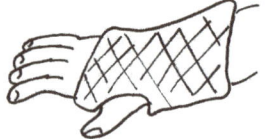

3. The dog is damp.
   딓엏 더억긓 이즈 대앰음프.

4. He is last.
   히이 이즈 라아스트.

5. The lamp is off.
   딓엏 래앰음프 이즈 엏ff.

문장을 소리내어 읽으세요.

Sentences

6. Can Beth get a pet?
캐앤은 베에쭝 겥엩트 엏 펱엩트?
She will ask.
쉬이 위일을 애스쿵.

7. He is on the ramp.
히이 이즁 언은 뒿엏 래앰음풍.

8. Jan has a mask.
재앤은 해애즁 엏 매애스쿵.

9. Dad has a hat and a cap
대애드 해애즁 엏 해앹트 앤은드 엏 캐앺풍.

10. The ship has a mast.
뒿엏 쉬잎풍 해애즁 엏 매애스트.

문장을 소리내어 읽으세요.

Go Fish
공우 f이쉬

I will go with dad.
아이 위일을 공우 위이듛 대애드.

We will go in the van.
위이 위일을 공우 인읗 뒿엏 v앤은.

We will fish.
위이 위일을 f이쉬.

We will get a lot of fish.
위이 위일을 겥엩트 엏 러엍트 엏f f이쉬.

이야기를 읽으세요.

Go Fish
낚시하러 가다

I will go with dad.
아빠와 함께 갈거에요.

We will go in the van.
우리는 밴을 타고 갈거에요.

We will fish.
우리는 낚시를 할거에요.

We will get a lot of fish.
우리는 많은 물고기를 잡을 할거에요.

이야기를 읽어요.

그림 및 글자의 관련된 답안지는 163페이지에서 확인할수 있어요.

ilk 일을크 ift 이f트

ist 이스트 isk 이스쿨 ind 인은드

두 개의 자음이 나란히 있을 때는 단모음이 붙어와요. 우리는 한글로 이것을 '끝 겹자발음'이라고 해요. 평상시의 소리를 지니고 있고, 한번 손가락으로 글 위에 올려놓고 옆으로 한번 소리 내어 부드럽게 읽어보세요.

A.

B.

C.

D.

E.

F.

G.

H.

I.

J.

1) 선생님은 첫 번째 단어를 보고 하나씩, 발음을 정확하게 하여 각 각의 소리를 따로 읽어보아요. 학생은 그림을 보고(그림에 보이는 알고 있는 단어만 읽어보게 해요) 글의 소리를 붙여 읽어보고 각 단어의 맞는 단어를 찾아 읽어보아요.

1.	f → i → s → t f 이 스 트	fist f이스트
2.	l → i → s → t 을 이 스 트	list 리이스트
3.	m → i → s → t 음 이 스 트	mist 미이스트
4.	m → i → l → k 음 이 을 쿵	milk 미이을쿵
5.	s → i → l → k 쓰 이 을 쿵	silk 씨이을쿵
6.	g → i → f → t 궁 이 f 트	gift 긯이f트
7.	l → i → f → t 을 이 f 트	lift 리이f트
8.	r → i → s → k 얿 이 스 쿵	risk 륁이스쿵
9.	d → i → s → k 드 이 스 쿵	disk 디이스쿵
10.	w → i → n → d 옳으 이 응 드	wind 위인은드

2) 선생님은 앞 장의 그림 A 부터 J까지 보고 각 단어의 소리를 따로 읽어주세요. 학생은 첫 번째 열부터 글자를 읽고, 글을 읽을 때 최대한 글의 음절이 부드럽게 이어서 읽어지도록 연습하세요. 3) 두 번째 열에서는 학생이 위에서 아래로 글을 읽고 첫 번째 열에서와 같이 소리를 최대한 비슷하게 읽어보아요.

Sentences

1. Mom will get this gift.
 머엄 위이을 겥엩트 팋이스 깋이f트.

2. The cup has milk in it.
 뒿엏 커엎풍 해애즈 미일크 인은 이트.

3. She is in the mist.
 쉬이 이즈 인은 뒿엏 미이스트.

4. Get rid of this bad disk.
 겥엩트 뤼이드 엏f 팋이스 배앧드 디이스크.

5. Sam can lift it.
 쌔앰 캐앤 리이f트 잍트.

문장을 소리내어 읽으세요.

Sentences

6. He hit him with his fist.
   히이 히잍트 히임음 위이듷 히이즈 f이스트.

7. Milk is on the list.
   미일을크 이즈 언은 뒿엏 리이스트.

8. Is this man at risk?
   이즈 틯이스 매앤은 앹트 뤼이스크?

9. Dan can lift the box.
   대앤은 캐앤은 리이f트 뒿엏 버엌스.

10. She is in the wind.
    쉬이 이즈 인은 뒿엏 위인은드.

문장을 소리내어 읽으세요.

글자 뒤에 r이 있을 경우, 모음 소리에 영향을 주게 돼요. 이렇게 글자가 조합된 것을 우리는 "Bossy R" 또는 "R-controlled" 패턴의 소리라고 해요.

ōr 오어얿

단어중에 horse 글자 위에 x 표시가 보이면 소리를 내면 안돼는 소리에요.

1. ōr
   오어얿

   or
   오얿

2. f → ōr
   f 오어얿

   for
   f어얿

3. c → ōr → n
   코 오어얿 응

   corn
   코어얿응

4. t → ōr → n
   트 오어얿 응

   torn
   토어얿응

5. h → ōr → n
   헣 오어얿 응

   horn
   호어얿응

6. h → ōr → sě̽
   헣 오어얿 스

   horse
   호어얿스

A.

Do you want an apple <u>or</u> an orange?

B.

C.

D.

E.

F.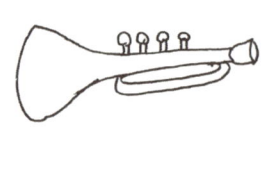

ōr
오어얿

1) 선생님은 첫 번째 단어를 보고 하나씩, 발음을 정확하게 하여 각 각의 소리를 따로 읽어보아요. 학생은 <u>그림</u>을 보고(그림에 보이는 알고 있는 단어만 읽어보게 해요) 글의 소리를 붙여 읽어보고 각 단어의 맞는 단어를 찾아 읽어보아요.

글자 중에 동작이나 작용을 의미하는 것을 동사라고 해요. 어느 사람이나 또는 사물에 동작이 있으면 동사 뒤에 _s를 붙이면 돼요.	글자 중에 사람, 장소, 또는 물건의 이름을 붙일 때 명사라고 해요. 명사 뒤에 _s를 붙이면 하나 이상의 것을 의미해요.
_s 	_s 
run 뤄언은 runs 뤄언즈 sit 씨이트 sits 씨잍스 wag 왱액궁 wags 왱액즈 tell 테엘을 tells 테엘즈 hop 헝엎풍 hops 헝엎스	cat 캐앹트 cats 캐앹스 dog 더억궁 dogs 더억즈 bug 버억궁 bugs 버억즈 pin 핑인은 pins 핑인즈 bed 베엘드 beds 베엘즈

글자를 하나씩 읽으세요.

1. Jill runs.
   지일을 뤼언즁.

2. Sam hops.
   쌔앰음 헝엎스.

3. Gus wins.
   겋엏스 위인즁.

4. Ed sits.
   에드 씨잍스.

5. He tugs.
   히이 터억즁.

6. Jan tells.
   재앤은 테엘즁.

문장을 소리내어 읽으세요.

7. Tom shuts the box.
   터엄음 쉬엍스 뒁엏 버엌스.

8. Jim hits the rim.
   지이임 히잍스 뒁엏 뤼이음.

9. Beth gets a cat.
   베에둫 겥엩스 엏 캐앹트.

10. The dog gets a bath.
    뒁엏 더억궁 겥엩스 엏 배애둫.

11. The horse runs
    뒁엏 호어얹스 뤄언즁.

12. The cat sits.
    뒁엏 캐앹트 씨잍스.

문장을 소리내어 읽으세요.

This Is For ...
띃이스 이스 f어얼

This is for Dad.
띃이스 이즐 f어얼 대앤드.

This is for Mom.
띃이스 이즐 f어얼 머엄음.

This is for Beth.
띃이스 이즐 f어얼 베에듷.

This is for Tom.
띃이스 이즐 f어얼 터엄음.

This is for the cat.
띃이스 이즐 f어얼 뒬엏 캐앹트.

This is for the dog.
띃이스 이즐 f어얼 뒬엏 더억궁.

이야기를 읽으세요.

This Is For ...
이것은...

This is for Dad.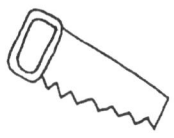
이것은 아빠를 위한 거에요.

This is for Mom.
이것은 엄마를 위한 거에요.

This is for Beth.
이것은 베엩을 위한 거에요.

This is for Tom.
이것은 터엄를 위한 거에요.

This is for the cat.
이것은 고양이를 위한 거에요.

This is for the dog.
이것은 강아지를 위한 거에요.

이야기를 읽으세요.

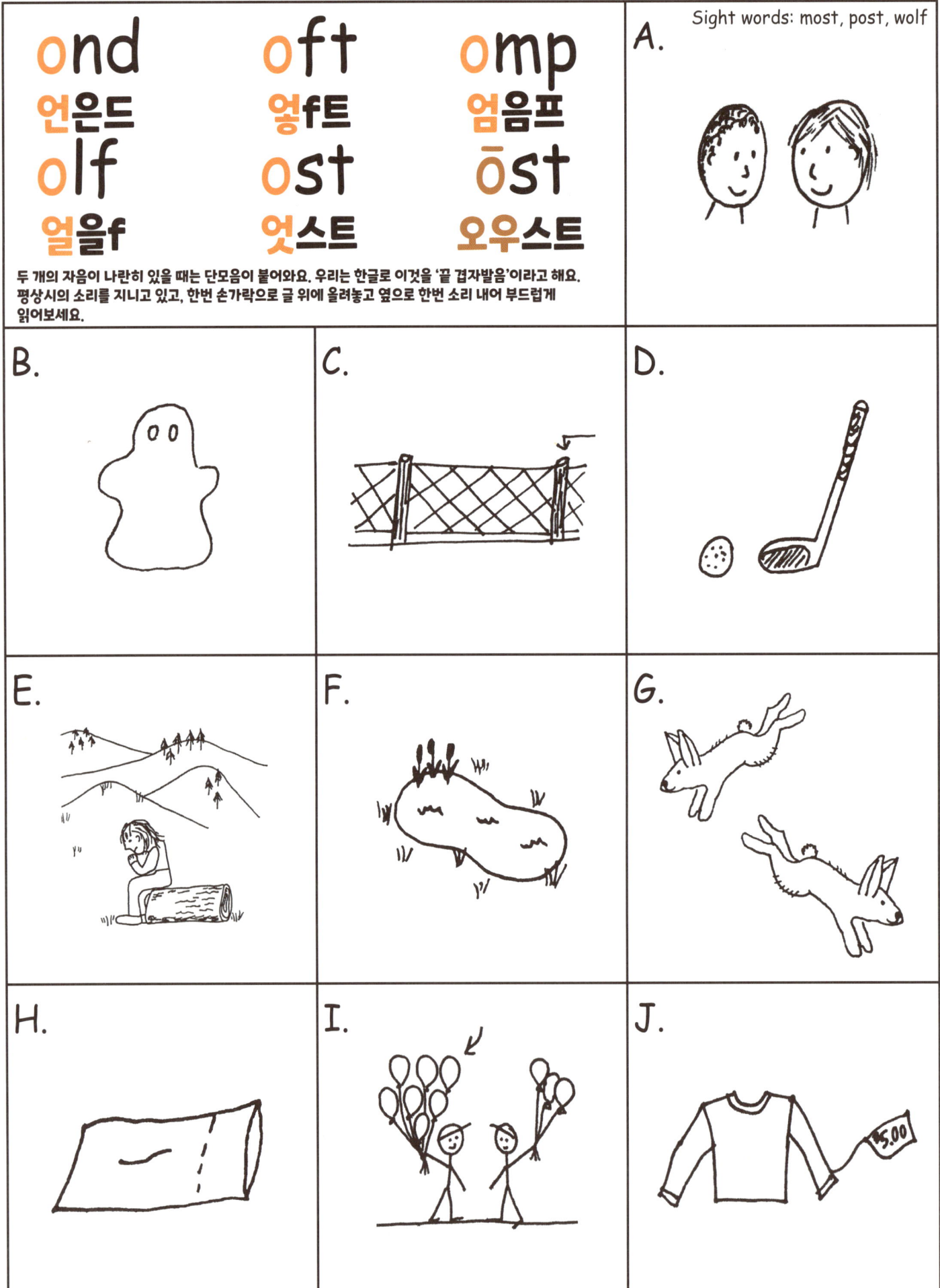

ghost단어 위에 x가 표시가 된 글자h는 소리를 내지않아요.

1. p → o → n → d   pond
   풍   엉   은   드   펑언은드

2. f → o → n → d   fond
   f   엉   은   드   f언은드

3. s → o → f → t   soft
   쏘   엉   f   트   써엉f트

4. r → o → m → p   romp
   뤏   엉   음   풍   뤌엄음풍

5. g → o → l → f   golf
   굴   엉   을   f   겅얼을f

6. c → o → s → t   cost
   크   엉   스   트   커엇스트

7. l → o → s → t   lost
   을   엉   스   트   러엇스트

8. m → ō → s → t   most
   음   오우   스   트   모우스트

9. p → ō → s → t   post
   풍   오우   스   트   퐁우스트

10. g̸h → ō → s → t   ghost
   궁   오우   스   트   공우스트

2) 선생님은 앞 장의 그림 A 부터 J까지 보고 각 단어의 소리를 따라 읽어주세요. 학생은 첫 번째 열부터 글자를 읽고, 글을 읽을 때 최대한 글의 음절이 부드럽게 이어서 읽어지도록 연습하세요. 3) 두 번째 열에서는 학생이 위에서 아래로 글을 읽고 첫 번째 열에서와 같이 소리를 최대한 비슷하게 읽어보아요.

Sentences

1. It is soft.
   읕트 이즁 써엏f트.

2. Ben is up in the loft.
   베엔은 이즁 엏풉 인은 뒇엏 러엏f트.

3. Will it cost a lot?
   위일을 읕트 커엇스트 엏 러엍트?

4. Is she lost?
   이즁 쉬이 러엇스트?

문장을 소리내어 읽으세요.

Sentences

5. Jan is fond of Rob.
   재앤은 이즁 f언은드 엏f 뤄업브.

6. He runs from the ghost.
   히이 러언즈 f럼엏음 뒿엏 고오스트.

7. A frog is in the pond.
   엏 f뤄엏굥 이즁 인은 뒿엏 펑언은드.

8. That man has the most.
   탱앹통 매앤은 해애즁 뒿엏 모우스트.

문장을 소리내어 읽으세요.

		ck ㅋ 	
1.	r → o → ck 을 엏 크		rock 뤓엏크
2.	s → o → ck 쓰 엏 크		sock 써엏크
3.	b → a → ck 브 아 크		back 배앸크
4.	s → a → ck 쓰 아 크		sack 쌔앸크
5.	d → u → ck 드 엏 크		duck 더엌크
6.	l → u → ck 을 엏 크		luck 러엌크
7.	n → e → ck 은 에 크		neck 네엨크
8.	p → e → ck 프 에 크		peck 페엨크
9.	k → i → ck 크 이 크		kick 키잌크
10.	s → i → ck 쓰 이 크		sick 씨잌크

2) 선생님은 앞 장의 그림 A 부터 J까지 보고 각 단어의 소리를 따로 읽어주세요. 학생은 첫 번째 열부터 글자를 읽고, 글을 읽을 때 최대한 글의 음절이 부드럽게 이어서 읽어지도록 연습하세요. 3) 두 번째 열에서는 학생이 위에서 아래로 글을 읽고 첫 번째 열에서와 같이 소리를 최대한 비슷하게 읽어보아요.

Rick And Jack
뤼이크 앤은드 재액크

This is Rick.
틓이스 이즁 뤼익크.

And this is his dog Jack.
앤은드 틓이스 이즁 히이즁 더억긓 재액크.

Jack is a gift from Mom and Dad.
재액크 이즁 엏 긓이f트 f롬엏음 머엄음 앤은드 대앧드.

Rick is fond of Jack.
뤼익크 이즁 f엏은드 엏f 재액크.

He pets Jack. Jack is soft.
히이 펭엩스 재액크. 재액크 이즁 써엏f트.

Jack is fond of Rick.
재액크 이즁 f언읖드 엏f 뤼익크.

He licks his hand.
히이 리익스 히이즁 해앤은드.

이야기를 읽어요.

Rick And Jack
릭과 잭

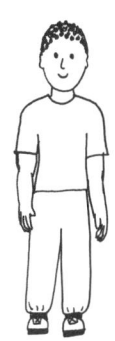

This is Rick.
릭이에요.

And this is his dog Jack.
그리고 릭의 강아지 잭이에요.

Jack is a gift from Mom and Dad.
엄마 아빠한테 선물로 받은 잭이에요.

Rick is fond of Jack.
릭은 잭을 좋아해요.

He pets Jack. Jack is soft.
릭은 잭을 쓰담아요. 잭의 털은 부드러워요.

Jack is fond of Rick.
잭을 릭을 좋아해요.

He licks his hand.
잭은 릭의 손을 핥아요.

이야기를 읽어요.

그림 및 글자의 관련된 답안지는 164페이지에서 확인할수 있어요.

ump 엄음프   unt 언은트   ulb 얼을브

ust 엇스트   usk 엇스쿨

두 개의 자음이 나란히 있을 때는 단모음이 붙어와요. 우리는 한글로 이것을 '끝 겹자발음'이라고 해요. 평상시의 소리를 지니고 있고, 한번 손가락으로 글 위에 올려놓고 옆으로 한번 소리 내어 부드럽게 읽어보세요.

A.

B.

C.

D.

E.

F.

G.

H.

I.

J.

1) 선생님은 첫 번째 단어를 보고 하나씩, 발음을 정확하게 하여 각 각의 소리를 따로 읽어보아요. 학생은 그림을 보고(그림에 보이는 알고 있는 단어만 읽어보게 해요) 글의 소리를 붙여 읽어보고 각 단어의 맞는 단어를 찾아 읽어보아요.

1. j → u → m → p   jump
   즈 엉 음 풍   저엄음풍

2. d → u → m → p   dump
   드 엉 음 풍   더엄음풍

3. p → u → m → p   pump
   풍 엉 음 풍   펑엄음풍

4. p → u → n → t   punt
   풍 엉 은 트   펑언은트

5. b → u → l → b   bulb
   브 엉 을 브   버얼을브

6. m → u → s → t   must
   음 엉 스 트   머엇스트

7. d → u → s → t   dust
   드 엉 스 트   더엇스트

8. g → u → s → t   gust
   궁 엉 스 트   궁엇스트

9. d → u → s → k   dusk
   드 엉 스 쿵   더엇스쿵

10. t → u → s → k   tusk
    트 엉 스 쿵   터엇스쿵

2) 선생님은 앞 장의 그림 A 부터 J까지 보고 각 단어의 소리를 따로 읽어주세요. 학생은 첫 번째 열부터 글자를 읽고, 글을 읽을 때 최대한 글의 음절이 부드럽게 이어서 읽어지도록 연습하세요. **3)** 두 번째 열에서는 학생이 위에서 아래로 글을 읽고 첫 번째 열에서와 같이 소리를 최대한 비슷하게 읽어보아요.

Sentences

1. The van must stop.
   뒝엏 v앤은 머엇스트 쓸옆풍.

2. Nan can jump.
   내앤은 캐앤은 저엄음풍.

3. Ned has a bump on his leg.
   네엗드 해애즁 엏 버엄음풍 언은 히이즁 레엑궁.

4. It has a tusk.
   읻트 해애즁 엏 터엇스쿵.

문장을 소리내어 읽으세요.

Sentences

5. It has rust on it.
   잍트 해애줃 뤄엇스트 언은 잍트.

6. The man dumps the sand.
   뒇엏 매앤은 더엄품스 뒇엏 쌔앤은드.

7. The bulb is not on.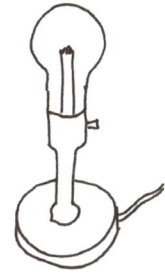
   뒇엏 버얼을브 이즈 너엍트 언은.

8. Get up the dust.
   겥엩트 엎풒 뒇엏 더엇스트.

문장을 소리내어 읽으세요.

글자 o는 세 가지의 소리를 낼 수 있어요. 그중 단모음, 장모음 그리고 글자 위 점으로 표시된 글이 있는데 이 점은 독일어로 "움라우트"라고 하는데 영어에서는 일반적인 소리를 가지고 있지 않은 것을 의미해요.

ö 우으

Sight word: two

1. t → ö   to
   트   우으   투우

2. d → ö   do
   드   우으   두우

3. tw̌ → ö   two
   투   우으   투우

4. in → tö   into
   인은   투우으   인투우

5. on → tö   onto
   앉은   투우으   언투우

A.

B.

C.
He can <u>do</u> this job.

D.

E.

ö 우으

1) 선생님은 첫 번째 단어를 보고 하나씩, 발음을 정확하게 하여 각 각의 소리를 따로 읽어보아요. 학생은 그림을 보고(그림에 보이는 알고 있는 단어만 읽어보게 해요) 글의 소리를 붙여 읽어보고 각 단어의 맞는 단어를 찾아 읽어보아요.

글자중에 *e* 글자 위에 x 표시가 보이면 소리를 내면 안돼는 소리에요.

1. g → i → ve   give
   궁   이   v   긯이v

2. l → i → ve   live
   을   이   v   리이v

3. h → a → ve   have
   헣   아   v   해애v

4. m → ö → ve   move
   음   우으   v   무우v

글자 v는 마지막 글자로 영어에서 사용되지 않아요. _ve 패턴이 사용될 때는 v 소리가 끝에 보이게 하려고 사용한 거예요.

A.

B.
I have a dog.

C.
I live in a nest.

D.

1) 선생님은 첫 번째 단어를 보고 하나씩, 발음을 정확하게 하여 각 각의 소리를 따로 읽어보아요. 학생은 그림을 보고(그림에 보이는 알고 있는 단어만 읽어보게 해요) 글의 소리를 붙여 읽어보고 각 단어의 맞는 단어를 찾아 읽어보아요.

A Duck
엏 더엌크

I am a duck.
아이 앰음 엏 더엌크.

I have a bill.
아이 해애v 엏 비일을.

I can quack.
아이 캔앤은 쿠앜크.

I go to a pond.
아이 곻우 투우 엏 펗언은드.

I swim in the pond.
아이 슿윔음 인은 뒇엏 펗언은드.

I dig in the mud.
아이 디잌궁 인은 뒇엏 머얻드.

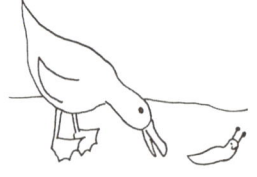

이야기를 읽으세요.

A Duck
한 오리

I am a duck.
나는 오리에요.

I have a bill.
나는 부리가 있어요.

I can quack.
나는 꽥꽥 소리를 낼 수 있어요.

I go to a pond.
나는 연못으로 가요.

I swim in the pond.
나는 연못에서 헤엄 칠 수 있어요.

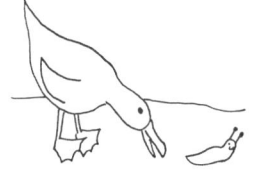

I dig in the mud.
나는 진흙 팔 수 있어요.

이야기를 읽으세요.

I jump off a rock.
아이 저엄풀 엏ff 엏 뤄억크.

I sit on a log
in the sun.
아이 씨잍트 언은 엏 러억궁.
인은 튈엏 써언은.

I can go
up, up, up.
아이 캐앤은 공우
엎풉, 엎풉, 엎풉.

이야기를 읽으세요.

I jump off a rock.
나는 돌 위에서 뛰어 내릴 수 있어요.

I sit on a log
in the sun.
나는 통나무에 앉아 해볕을 쬐요.

I can go
up, up, up.
**나는 하늘 위로, 위로, 위로
날 수 있어요.**

이야기를 읽어요.

두 개의 자음이 나란히 있을 때는 단모음이 붙어와요. 우리는 한글로 이것을 혼합된 자음 운미라고 해요.
평상시의 소리를 지니고 있고, 한번 손가락으로 글 위에 올려놓고 옆으로 한번 소리 내어 부드럽게 읽어보세요.

1. n → e → s → t   nest
   응   에   스   트   네에슽트

2. h → e → l → d   held
   흥   에   을   드   헤엘을드

3. t → e → n → t   tent
   트   에   은   트   테엔은트

4. s → e → n → d   send
   쓰   에   은   드   쎄엔은드

5. h → e → l → p   help
   흥   에   을   풍   헤엘을풍

6. m → e → l → t   melt
   음   에   을   트   메엘을트

7. s → e → l → f   self
   쓰   에   을   f   쎄엘을f

8. d → e → s → k   desk
   드   에   스   쿵   데에슥쿵

9. n → e → x → t   next
   응   에   쿡스 트   네엑슽트

10. w → e → p → t   wept
    웅으 에   풍   트   웽에픝트

2) 선생님은 앞 장의 그림 A부터 J까지 보고 각 단어의 소리를 따로 읽어주세요. 학생은 첫 번째 열부터 글자를 읽고, 글을 읽을 때 최대한 글의 음절이 부드럽게 이어져 읽어지도록 연습하세요. 3) 두 번째 열에서는 학생이 위에서 아래로 글을 읽고 첫 번째 열에서와 같이 소리를 최대한 비슷하게 읽어보아요.

© 2019 by Kathryn J. Davis
Korean Text © 2021 by Kook Jo

Phonetic Words And Stories - Book 1
DoranDoran Phonics - Book 1

Sentences

1. He went up the ramp.
   히이 웨엔은트 엎풍 뒬엉 래앰음풍.

2. We will camp in a tent.
   휘이 위일을 캐앰음풍 인은 엉 테엔은트.

3. Mom will mend it.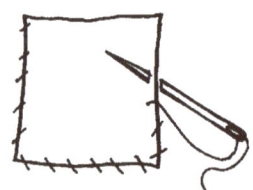
   머엄음 위일을 메엔은드 잍트.

4. The bus went up a hill.
   뒬엉 버엇스 웨엔은트 엎풍 엉 히일을.

5. It will melt in the sun.
   잍트 위일을 메엘을트 인은 뒬엉 써언은.

문장을 소리내어 읽으세요.

Sentences

6. It has a dent.
   잍트 해애줗 엏 데엔은트.

7. This belt is for Ed.
   팋이스 베엘을트 이줗 f어엃 엗드.

8. It is bent.
   잍트 이줗 베엔은트.

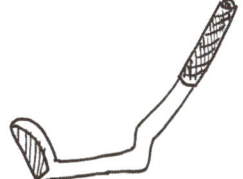

9. Tom will help him.
   터엄음 위일을 헤엘을픙 히임음.

10. The lamp is on the shelf.
    뒇엏 래앰음픙 이줗 언은 뒇엏 쉐엘을f.

문장을 소리내어 읽으세요.

Sentences

1. Pam was so sad she wept.
   패앰음 워엉즈 쏘오 쌔앤드 쉬이 웨엪트.

2. She will dust the shelf.
   쉬이 위일을 더엇스트 뒇엉 쉐엘을f.

3. The list is on the desk.
   뒇엉 리이스트 이즈 언은 뒇엉 데에스쿵.

4. This is the best pig.
   팅이스 이즈 뒇엉 베에스트 픵익궁.

5. Ed will lend it to him.
   엗드 위일을 레엔은드 잍트 투우 히임음.

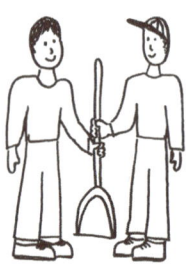

문장을 소리내어 읽으세요.

음절 끝에 단모음이 오게될 경우 주로 장모음으로 소리를 내요.
우리의 이름을 말할 때 "아이"라고 표현하듯이요.

ā 애이

이러한 음절을 우리는 한글로 개음절이라고 해요. (모음으로 끝나는 음절)

r a
래애이

D a
대애이

l a
래애이

a
애이

a
애이

l a
래애이

b a
배애이

s a
쌔애이

t a
태애이

p a
패애이

raven, label, apron, baby, table | David, acorn, lady, saber, paper

Jump
저엄음풍

This is a frog.
팋이스 이즈 엏 f뤄억궁.

It can rest in the soft mud.
잍트 캐앤은 뤠에스트 인은 딓엏 써엏f트 머얻드.

The frog can jump.
딓엏 f뤄억궁 캐앤은 저엄음프.

It can get a bug.
잍트 캐앤은 겥엩트 엏 버억궁.

The frog can
딓엏 f뤄억궁 캐앤은

swim in the pond.
슘임음 인은 딓엏 펑언은드.

The End
딓이 엔은드

이야기를 읽으세요.

Jump
점프

This is a frog.
개구리에요.
It can rest in the soft mud.
부드러운 진흙에서 쉬고 있어요.

The frog can jump.
개구리는 점프 할 수 있어요.
It can get a bug.
벌레도 잡을 수 있어요.

The frog can
개구리는
swim in the pond.
연못에서 헤엄도 쳐요.

The End
끝

이야기를 읽으세요.

1.	ch → i → ck 츙 이 크	chick 츹잌크
2.	ch → i → n 츙 이 은	chin 츹인은
3.	ch → i → ll 츹 이 을	chill 츹일을
4.	ch → i → m → p 츹 이 음 풍	chimp 츹임읖풍
5.	ch → i → p → s 츹 이 풍 스	chips 츹잎픗스
6.	ch → e → ss 츙 에 스	chess 췡엣스
7.	ch → e → ck 츙 에 크	check 췡엨크
8.	ch → e → s → t 츙 에 스 트	chest 췡엣스트
9.	ch → o → p 츙 앟 풍	chop 촿앞풍
10.	ch → u → m 츙 엏 음	chum 츹엄음

2) 선생님은 앞 장의 그림 A 부터 J까지 보고 각 단어의 소리를 따로 읽어주세요. 학생은 첫 번째 열부터 글자를 읽고, 글을 읽을 때 최대한 글의 음절이 부드럽게 이어서 읽어지도록 연습하세요. 3) 두 번째 열에서는 학생이 위에서 아래로 글을 읽고 첫 번째 열에서와 같이 소리를 최대한 비슷하게 읽어보아요.

		A.
sc 스크 sk 스쿠 sm 스음 sn 스은 sp 스풍 squ 스쿠 st 스트 sw 스웡 tw 스웡 dw 드웡 두 개 또는 세 개의 자음이 붙어 오게 될 경우, 앞에 붙어올 글자에 따라 소리에 영향을 줘요. 우리는 한글로 "첫 겹자발음"이라고 해요. 한번 손가락으로 글 위에 올려놓고 옆으로 한번 소리 내어 부드럽게 읽어보세요.		

B.	C.	D.
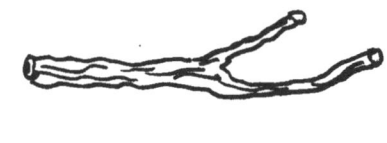		

E.	F.	G.

H.	I.	J.

1) 선생님은 첫 번째 단어를 보고 하나씩, 발음을 정확하게 하여 각 각의 소리를 따로 읽어보아요. 학생은 그림을 보고(그림에 보이는 알고 있는 단어만 읽어보게 해요) 글의 소리를 붙여 읽어보고 각 단어의 맞는 단어를 찾아 읽어보아요.

시작되는 겹자발음 (st, fl, str)는 하나 이상의 자음이 있어야 소리가 만들어져요. 아래에 예시된 단어는 단일소리로 발음하게 됩니다.

1. sp → i → ll   spill
   스프 일 을   슾필을

2. sn → a → p   snap
   스은 아 프   슨앺프

3. sk → i → p   skip
   스크 이 프   슼잎프

4. sm → e → ll   smell
   스음 에 을   슴엘을

5. st → o → p   stop
   스트 앟 프   슽엎프

6. squ → i → d   squid
   스쿠 이 드   슼읻드

7. sc → a → b   scab
   스크 아 브   슼앺브

8. sw → i → m   swim
   스월 이 음   슝임음

9. dw → e → ll   dwell
   드월 엘 을   둫엘을

10. tw → i → g   twig
    트월 이 긏   퉁익긏

2) 선생님은 앞 장의 그림 A 부터 J까지 보고 각 단어의 소리를 따로 읽어주세요. 학생은 첫 번째 열부터 글자를 읽고, 글을 읽을 때 최대한 글의 음절이 부드럽게 이어서 읽어지도록 연습하세요. 3) 두 번째 열에서는 학생이 위에서 아래로 글을 읽고 첫 번째 열에서와 같이 소리를 최대한 비슷하게 읽어보아요.

Sentences

1. The bus must stop.
   됕엏 버엇스 머엇스트 슫턻풒.

2. This smells bad.
   틯이스 슴엘을즞   배앧드.

3. We will get a snack.
   위이 위일을 겥엩트 엏 슨앸크.

4. Twist the cap to get it off.
   투잇스트 됕엏 캐앺풒 투우 겥엩트 잍트 엏ff.

문장을 소리내어 읽으세요.

Sentences

5. Scott has a scab on his leg.
   슼엩트 해애즁 엏 슼앱브 언은 히이즁 레엑긓.

6. Do not spill the milk.
   두우 너엍트 슾일을 뒽엏 미일을크.

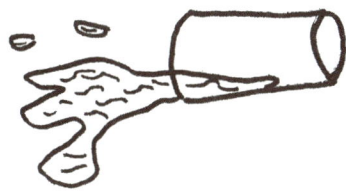

7. A squid can swim.
   엏 슠킫드 캐앤은 슻임음.

8. He dwells in the hills.
   히이 듥웰을즁 인은 뒽엏 히일을즁.

문장을 소리내어 읽으세요.

그림 및 글자의 관련된 답안지는 165페이지에서 확인할수 있어요.

Sight words: rich, such, much

tch
트츼

영어에서 3중 음자 자음의 소리를 의미해요. 세 개의 글자는 ch 소리랑 똑같아요. 그리고 글자 t는 발음되지 않아요. 이 패턴의 글자는 오직 3중 음자 자음에서 또는 단자음 이후의 글자에서만 사용됩니다.

A.

B.

C.

D.

E.

F.

G.

H.

I.

J.

1) 선생님은 첫 번째 단어를 보고 하나씩, 발음을 정확하게 하여 각 각의 소리를 따로 읽어보아요. 학생은 그림을 보고(그림에 보이는 알고 있는 단어만 읽어보게 해요) 글의 소리를 붙여 읽어보고 각 단어의 맞는 단어를 찾아 읽어보아요.

tch 트칆

1. m → a → tch   match
   음   아   칆   매앹칆

2. h → a → tch   hatch
   헝   아   칆   해앹칆

3. p → a → tch   patch
   풍   아   칆   패앹칆

4. c → a → tch   catch
   크   아   칆   캐앹칆

5. b → a → tch   batch
   브   아   칆   배앹칆

6. p → i → tch   pitch
   풍   이   칆   피잍칆

7. d → i → tch   ditch
   드   이   칆   디잍칆

8. D → u → tch   Dutch
   드   엉   칆   더읕칆

9. f → e → tch   fetch
   f   에   칆   f엩칆

10. n → o → tch   notch
    은   앟   칆   너읕칆

2) 선생님은 앞 장의 그림 A 부터 J까지 보고 각 단어의 소리를 따로 읽어주세요. 학생은 첫 번째 열부터 글자를 읽고, 글을 읽을 때 최대한 글의 음절이 부드럽게 이어서 읽어지도록 연습하세요. 3) 두 번째 열에서는 학생이 위에서 아래로 글을 읽고 첫 번째 열에서와 같이 소리를 최대한 비슷하게 읽어보아요.

© 2019 by Kathryn J. Davis   Phonetic Words And Stories - Book 1
Korean Text © 2021 by Kook Jo   DoranDoran Phonics - Book 1

nch 은칲

1. l → u → n → ch   lunch
   을 엏 은 칲   러언은칲

2. b → u → n → ch   bunch
   브 엏 은 칲   버언은칲

3. m → u → n → ch   munch
   음 엏 은 칲   머언은칲

4. p → u → n → ch   punch
   풍 엏 은 칲   퍼언은칲

5. b → e → n → ch   bench
   브 에 은 칲   베엔은칲

6. w̌r → e → n → ch   wrench
   없 에 은 칲   레엔은칲

7. r → a → n → ch   ranch
   없 아 은 칲   래앤은칲

8. i → n → ch   inch
   이 은 칲   인은칲

9. f → i → n → ch   finch
   f 이 은 칲   f인은칲

10. p → i → n → ch   pinch
    풍 이 은 칲   핑인은칲

2) 선생님은 앞 장의 그림 A 부터 J까지 보고 각 단어의 소리를 따로 읽어주세요. 학생은 첫 번째 열부터 글자를 읽고, 글을 읽을 때 최대한 글의 음절이 부드럽게 이어지도록 연습하세요. 3) 두 번째 열에서는 학생이 위에서 아래로 글을 읽고 첫 번째 열에서와 같이 소리를 최대한 비슷하게 읽어보아요.

On A Bench
언은 엏 베엔은칗

This is Chad.
틯이스 이즁 촹애드.

He sits on a bench.
히이 씨잍스 언은 엏 베엔은칗.

He has his lunch box.
히이 해애즁 히이즁 러언은칗 버얻스.

He has his back pack.
히이 해애즁 히이즁 배액크 패액크.

Chad will catch the bus.
채앤드 위일을 캐앹칗 뒇엏 버얻스.

He will sit next to Beth on the bus.
히이 위일을 씨잍트 네엑스트 투우 베에듛 언은 뒇엏 버얻스.

He and Beth will have a lot of fun.
히이 앤은드 베에듛 위일을 해애v 엏 러엍트 엏f f언은.

이야기를 읽어요.

On A Bench
해변에서

This is Chad.
채드에요.

He sits on a bench.
밴치에 앉아 있어요.

He has his lunch box.
도시락 박스를 갖고 있어요.

He has his back pack.
책 가방도 갖고 있어요.

Chad will catch the bus.
채드는 버스를 기다릴 거에요.

He will sit next to Beth on the bus.
버스를 타면 베스 옆에 앉을 거에요.

He and Beth will have a lot of fun.
베스와 함께 가면 정말 즐거울 거에요.

이야기를 읽어요.

그림 및 글자의 관련된 답안지는 166페이지에서 확인할수 있어요.

bl 브을   cl 크을   fl f을   gl 그을
pl 풀을   sl 스을   spl 스풍을

두 개 또는 세 개의 자음이 붙어 오게 될 경우, 앞에 붙어올 글자에 따라 소리에 영향을 줘요. 우리는 한글로 "첫 겹자발음"이라고 해요. 한번 손가락으로 글 위에 올려놓고 옆으로 한번 소리 내어 부드럽게 읽어보세요.

A.

B.

C.

D.

E.

F.

G.

H.

I.

J.

1) 선생님은 첫 번째 단어를 보고 하나씩, 발음을 정확하게 하여 각 각의 소리를 따로 읽어보아요. 학생은 그림을 보고(그림에 보이는 알고 있는 단어만 읽어보게 해요) 글의 소리를 붙여 읽어보고 각 단어의 맞는 단어를 찾아 읽어보아요.

시작되는 겹자발음 (bl, sl, spl)는 하나 이상의 자음이 있어야 소리가 만들어져요. 아래에 예시된 단어는 단일소리로 발음하게 됩니다.

1. fl → a → g   flag
   f을   아   궁   f을액궁

2. fl → i → p   flip
   f을   이   풍   f을맆풍

3. pl → u → g   plug
   풍을   엉   궁   플억궁

4. cl → o → ck   clock
   크을   앟   크   클앜크

5. cl → i → ff   cliff
   크을   이   ff   클이ff

6. bl → o → ck   block
   브을   앟   크   블앜크

7. sl → e → d   sled
   스을   에   드   슬엗드

8. gl → a → ss   glass
   그을   아   스   글앗스

9. spl → i → t   split
   스풍을   이   트   스플잍트

10. spl → a → sh   splash
    스풍을   아   쉬   스플앳쉬

2) 선생님은 앞 장의 그림 A 부터 J까지 보고 각 단어의 소리를 따로 읽어주세요. 학생은 첫 번째 열부터 글자를 읽고, 글을 읽을 때 최대한 글의 음절이 부드럽게 이어서 읽어지도록 연습하세요. 3) 두 번째 열에서는 학생이 위에서 아래로 글을 읽고 첫 번째 열에서와 같이 소리를 최대한 비슷하게 읽어보아요.

Sentences

1. Stack up the blocks.
   슽택크 엎풍 뒝엏 블억스.

2. The flag flaps in the wind.
   뒝엏 f을랙궁 f을랲스 인은 뒝엏 위인드.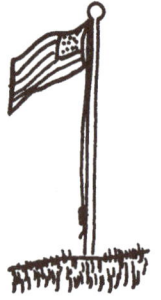

3. A moth is on the cloth.
   엏 머엏쯩 이즟 언은 뒝엏 클엏쯩.

4. A slot is in the box.
   엏 슬엍트 이즟 인은 뒝엏 버억스.

문장을 소리내어 읽으세요.

Sentences

5. Plug in the fan.
   플먹궁 인은 뒬엏 f앤은.

6. I will fill the glass.
   아이 위일을 f일을 뒬엏 글애스.

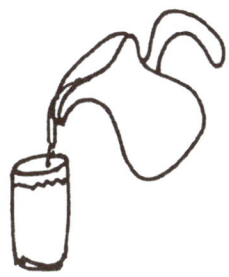

7. Jack can do a flip.
   재앸크 캐앤은 두우 엏 f을잎프.

8. Dad will split the log.
   대애드 위일을 스플릩트 뒬엏 러억궁.

그림 및 글자의 관련된 답안지는 166페이지에서 확인할수 있어요.

Sight words: which, what

wh 웋으

이 패턴은 혼합자음이에요. w 글자 "웋으" 발음으로 소리 나게 됩니다.

A.

B.

C.

D.

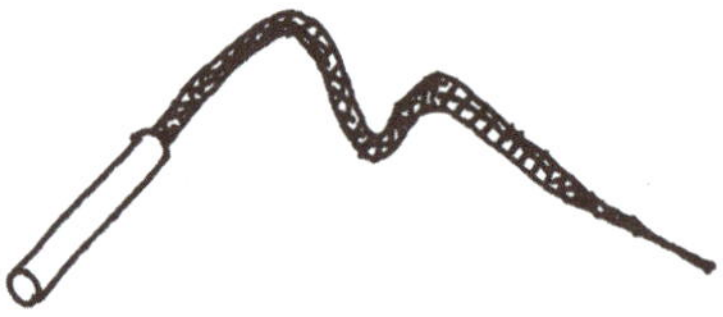

E.

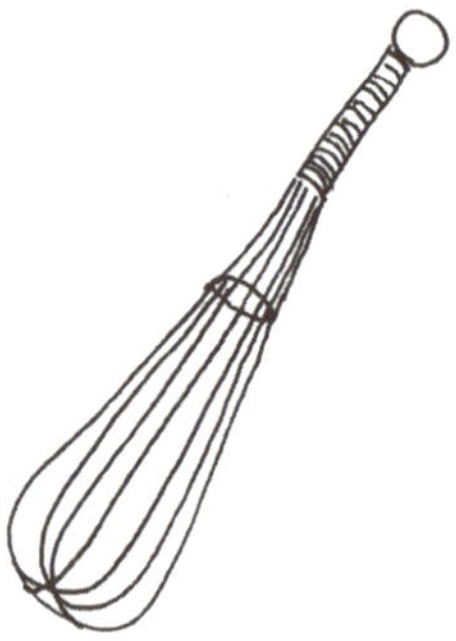

F.

G.

H.

2음절 글자는 다른 음절의 발음을 내고 대신 소리를 들을 때 따로 들려요.

1) 선생님은 첫 번째 단어를 보고 하나씩, 발음을 정확하게 하여 각 각의 소리를 따라 읽어보아요. 학생은 그림을 보고(그림에 보이는 알고 있는 단어만 읽어보게 해요) 글의 소리를 붙여 읽어보고 각 단어의 맞는 단어를 찾아 읽어보아요.

© 2019 by Kathryn J. Davis
Korean Text © 2021 by Kook Jo

Phonetic Words And Stories - Book 1
DoranDoran Phonics - Book 1

2음절 글자는 다른 음절의 발음을 내고 대신 소리를 들을 때 따로 들려요.

wh
옳으

글자 wh 위에 x가 표시되어 있어요. x 표시가 보이면 소리를 내면 안돼는 소리에요.

1. wh → e → n   when
   옳으 에   은   웨엔은

2. wh → a → t   what
   옳으 엍   트   워엍트

3. wh → i → p   whip
   옳으 이   풍   위잎풍

4. wh → i → ch   which
   옳으 이   취   위이취

5. wh → i → s → k   whisk
   옳으 이   스 쿸   위이스쿸

6. wh → i → z   whiz
   옳으 이   줒   위이줒

7. wh → i → ff   whiff
   옳으 이   ff   위이ff

8. whip → pet   whippet
   옳으이풍 풍에트   위잎펜트

- 화살표가 보이면 첫 번째 자음에서 마지막에 있는 자음까지 모음을 읽지 않고 넘어간다는 의미에요. 이곳에서 모음은 일반적으로 소리가 나지 않아요. 아주 간신히 소리를 들을 수 있어요.

2) 선생님은 앞 장의 그림 A 부터 J까지 보고 각 단어의 소리를 따로 읽어주세요. 학생은 첫 번째 열부터 글자를 읽고, 글을 읽을 때 최대한 글의 음절이 부드럽게 이어서 읽어지도록 연습하세요. 3) 두 번째 열에서는 학생이 위에서 아래로 글을 읽고 첫 번째 열에서와 같이 소리를 최대한 비슷하게 읽어보아요.

what

Sight Word

1. What will mom get at the cloth shop?
   워엍트 위일을 머엉음 겥엩트 앹트 듸엏 클엏듯 쎠옾프?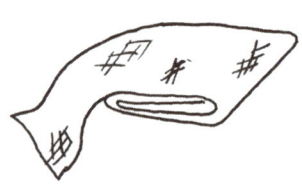

2. What has six legs?
   워엍트 해애줄 씨잌스 레엑스?

3. What has two legs?
   워엍트 해애줄 투우 레엑스?

4. What can go fast?
   워엍트 캐앤은 곻우 f아스트?

5. What is in that box?
   워엍트 이줓 인은 탲앹트 벜엑스?

6. What can jump?
   워엍트 캐앤은 저엎풒?

7. What is on that branch?
   워엍트 이줓 언은 탲앹트 브랜칰?

문장을 소리내어 읽으세요.

Sight words: who, whom, whose

wh

1. wh → ö   who
       웋으   우으   후으

2. wh → ö → m   whom
       웋으   우으   음   후움음

3. wh → ö → se   whose
       웋으   우으   즂   후으즂

이중글자 wh는 두 개의 발음으로 다르게 소리 낼 수 있어요. 대부분의 경우, 글자 w로 발음을 하지만 글자 o가 붙으면 일반적으로 o 모음의 소리를 따라서 소리를 내고 /h/ 소리가 더 강하게 소리 낼 수 있어요.

A.
To whom does this belong?

B.

C.
Whose lunchbox is this?

Note: 대부분의 글자에서 wh 패턴은 모음 o에 따라서 소리가 만들어져요.

wh 웋으

1) 선생님은 첫 번째 단어를 보고 하나씩, 발음을 정확하게 하여 각 각의 소리를 따로 읽어보아요. 학생은 그림을 보고(그림에 보이는 알고 있는 단어만 읽어보게 해요) 글의 소리를 붙여 읽어보고 각 단어의 맞는 단어를 찾아 읽어보아요.

Who Is This?
후우 이즁 틯이스?

Who is this?
후우 이즁 틯이스?

This is Gus.
틯이스 이즁 겋엏스.

What will he do?
워엍트 위일을 히이 두우?

He will go on the bus.
히이 위일을 곻우 언은 뒇엏 버엏스.

When will he go?
웨엔은 위일을 히이 곻우?

He will go at ten.
히이 위일을 곻우 앹트 테엔은.

With whom will he go?
위이듷 후움음 위일을 히이 곻우?

He will go with Ben.
히이 위일을 곻우 위이듷 베엔은.

이야기를 읽으세요.

Who Is This?
누구인가요?

Who is this?
누구인가요?

This is Gus.
거즈에요.

What will he do?
거즈는 뭘 할 건가요?

He will go on the bus.
거즈는 버스를 탈거에요.

When will he go?
언제 출발하나요?

He will go at ten.
열시 쯤 갈거에요.

With whom will he go?
누구랑 같이 가요?

He will go with Ben.
벤과 같이 갈 거에요.

이야기를 읽으세요.

그림 및 글자의 관련된 답안지는 167페이지에서 확인할수 있어요.

br 브얽 cr 크얽 dr 드얽 fr f얽	A.
gr 그얽 pr 풍얽 tr 트얽	
scr 스커얽 spr 스퍼얽 str 스터얽	

두 개 또는 세 개의 자음이 붙어 오게 될 경우, 앞에 붙어올 글자에 따라 소리에 영향을 줘요. 우리는 한글로 "첫 겹자발음"이라고 해요. 한번 손가락으로 글 위에 올려놓고 옆으로 한번 소리 내어 부드럽게 읽어보세요.

B.   C.   D.

E.   F.   G.

H.   I.   J.

1) 선생님은 첫 번째 단어를 보고 하나씩, 발음을 정확하게 하여 각 각의 소리를 따로 읽어보아요. 학생은 그림을 보고(그림에 보이는 알고 있는 단어만 읽어보게 해요) 글의 소리를 붙여 읽어보고 각 단어의 맞는 단어를 찾아 읽어보아요.

© 2019 by Kathryn J. Davis
Korean Text © 2021 by Kook Jo

Phonetic Words And Stories - Book 1
DoranDoran Phonics - Book 1

시작되는 겹자발음 (pr, gr, str)은 하나 이상의 자음이 있어야 소리가 만들어져요. 아래에 예시된 단어는 단일소리로 발음하게 됩니다.

1. pr → e → ss　　　　press
   프엃　에　스　　　　풀뤠엣스

2. fr → o → g　　　　frog
   f엃　앙　궁　　　　f뤄억궁

3. br → u → sh　　　　brush
   브엃　엉　쉬　　　　붕뤄엇쉬

4. cr → a → b　　　　crab
   크엃　아　브　　　　쿵래앱브

5. gr → i → ll　　　　grill
   궁엃　이　을　　　　궁뤼일을

6. tr → u → ck　　　　truck
   트엃　엉　크　　　　츄뤄억크

7. dr → o → p　　　　drop
   드엃　앙　풍　　　　듀뤄엉풍

8. spr → i → g　　　　sprig
   스퍼엃　이　궁　　　　슾뤼익궁

9. str → a → p　　　　strap
   스터엃　아　풍　　　　슽래앺풍

10. scr → u → b　　　　scrub
    스커엃　엉　브　　　　슥크러웁브

2) 선생님은 앞 장의 그림 A 부터 J까지 보고 각 단어의 소리를 따로 읽어주세요. 학생은 첫 번째 열부터 글자를 읽고, 글을 읽을 때 최대한 글의 음절이 부드럽게 이어서 읽어지도록 연습하세요. 3) 두 번째 열에서는 학생이 위에서 아래로 글을 읽고 첫 번째 열에서와 같이 소리를 최대한 비슷하게 읽어보아요.

Sentences

1. A crack is in the cup.
   엉 쿠랙크 이즁 인은 뒬엉 커엎풍.

2. The broth is hot.
   뒬엉 브뤄엉둥 이즁 허엍트.

3. A horse can trot.
   엉 호어얽스 캐앤은 츄뤄엍트.

4. Dad will cut the grass.
   대앤드 위일을 커엍트 뒬엉 구뤠앳스.

문장을 소리내어 읽으세요.

Sentences

5. A frog is on a rock.
   엏 f뤄억그 이즁 언은 엏 뤄억크.

6. Did she drop the bag?
   디읻드 쉬이 쥬러엎프 뒇엏 배액궁?

7. A crab is in the sand.
   엏 큘래앱브 이즁 인은 뒇엏 쌔앤은드.

8. Mom will scrub the deck.
   머엏음 위일을 슥크러업브 뒇엏 데에슥크.

문장을 소리내어 읽으세요.

A Man
엏 매앤은

A man has a crutch.
엏 매앤은 해애즈 엏 크러엍췹.

A man has a stick.
엏 매앤은 해애즈 엏 스틱크.

A man gets a chest.
엏 매앤은 겔엩스 엏 췌엣스트.

A man is rich.
엏 매앤은 이즈 뤼잋췹.

The End
딓이 엔은드

이야기를 읽으세요.

A Man
한 남자

A man has a crutch.
한 남자는 목발을 갖고 있어요.

A man has a stick.
한 남자는 막대기를 갖고 있어요.

A man gets a chest.
한 남자는 상자를 얻게 되었어요.

A man is rich.
한 남자는 이제 부자에요.

The End
끝

A Chicken
옠 칙익키인은

A chicken can peck.
옠 칙익키인은 캐앤은 펭엘크.

A chicken can scratch.
옠 칙익키인은 캐앤은 슥크앳칟.

A chicken can sit.
옠 칙익키인은 캐앤은 씨일트.

A chicken can hatch.
옠 칙익키인은 캐앤은 해앹칟

The End
딓이 엔은드

이야기를 읽으세요.

A Chicken
한 닭

A chicken can peck.
한 닭은 쪼아 먹을 수 있어요.

A chicken can scratch.
한 닭은 긁을 수 있어요.

A chicken can sit.
한 닭은 앉아을 수 있어요.

A chicken can hatch.
한 닭은 알을 부화 할 수 있어요.
The End
끝

이야기를 읽으세요.

그림 및 글자의 관련된 답안지는 167페이지에서 확인할수 있어요.

ng 은궁

이 패턴은 이중 자음이라고 해요. 글자 n 또는 g 소리로 내지 않아요. 이 소리는 주로 단모음 이후에 사용되는 소리예요.

A.

B.

C.

D.

E.

F.

G.

H.

I.

J.

1) 선생님은 첫 번째 단어를 보고 하나씩, 발음을 정확하게 하여 각 각의 소리를 따로 읽어보아요. 학생은 그림을 보고(그림에 보이는 알고 있는 단어만 읽어보게 해요) 글의 소리를 붙여 읽어보고 각 단어의 맞는 단어를 찾아 읽어보아요.

1.	s → a → ng		sang	
	쓰 아 은굿		쌔앤굿	
2.	r → a → ng		rang	
	얾 아 은굿		래앤굿	
3.	w → i → ng		wing	
	웋으 이 은굿		윙인굿	
4.	k → i → ng		king	
	쿵 이 굿		키인굿	
5.	br → i → ng		bring	
	브얾 이 은굿		브륑인굿	
6.	spr → i → ng		spring	
	스퍼얾 이 은굿		슾륑이굿	
7.	str → o → ng		strong	
	스터얾 앟 은굿		슽렁언굿	
8.	l → o → ng		long	
	을 앟 은굿		렁언굿	
9.	st → u → ng		stung	
	스트 엉 은굿		스텅억굿	
10.	h → u → ng		hung	
	헝 엉 은굿		형엉굿	

2) 선생님은 앞 장의 <u>그림</u> A 부터 J까지 보고 각 <u>단어</u>의 소리를 따로 읽어주세요. 학생은 첫 번째 열부터 글자를 읽고, 글을 읽을 때 최대한 글의 음절이 부드럽게 이어서 읽어지도록 연습하세요. 3) 두 번째 열에서는 학생이 위에서 아래로 글을 읽고 첫 번째 열에서와 같이 소리를 최대한 비슷하게 읽어보아요.

Contractions
축약형

가끔 두 개의 단어를 하나로 만드는 경우가 있어요. 그러나 이런 경우 글자 하나는 사용되지 않아요. 그래서 사용하게 되는 부호가 있는데 이것을 apostrophe(어퍼스트러필)라고 해요. 이 부호를 사용하여 사용하지 않는 글자를 대신해서 사용하는 것을 축약형이라고 해요.

1. he is / he's
   히이 이즈 / 히이 ' 즈

2. she is / she's
   쉬이 이즈 / 쉬이 ' 즈

3. it is / it's
   잍트 이스 / 잍트 ' 스

4. that is / that's
   댙앹트 이스 / 댙앹트 ' 스

5. what is / what's
   웥앹트 이스 / 웥앹트 ' 스

6. who is / who's
   후우 이즈 / 후우 ' 즈

7. when is / when's
   웨엔은 이즈 / 웨엔은 ' 즈

Syllable Study 음절 학습

rob → in  robin
뤄앟브 인은   뤄엏빈은

chil → dren  children
츁이일 드뤠에은   칠일을드뤼언

첫번째 열에서 시작되는 글자를 먼저 읽은 후에 두번째 열에 있는 축약형을 읽으세요. 그리고 이어서 순서대로 위에서 아래로 모두 읽어보세요.
음절학습: 첫 음절을 읽고, 두번째 단얼 전체를 읽어보세요.

Contractions
축약형

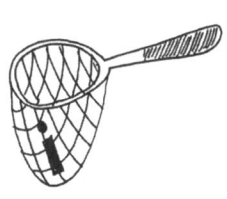

가끔 두 개의 단어를 하나로 만드는 경우가 있어요. 그러나 이런 경우 글자 하나는 사용되지 않아요. 그래서 사용하게 되는 부호가 있는데 이것을 apostrophe(어퍼스트러핔)라고 해요. 이 부호를 사용하여 사용하지 않는 글자를 대신해서 사용하는 것을 축약형이라고 해요.

1.	he is 히이 이즁	he's 히이'즁
2.	she is 쉬이 이즁	she's 쉬이'즁
3.	it is 잍트 이스	it's 잍트'스
4.	that is 탷앹트 이스	that's 탷앹트'스
5.	what is 워엍트 이스	what's 워엍트'스
6.	who is 후우 이즁	who's 후우'즁
7.	when is 웨엔은 이즁	when's 웨엔은'즁

Syllable Study

rob → in      robin
롶앞브 인은   뤄엏빈은

chil → dren      children
춓이일 드옇엔은   칟일읃드뤼언

첫번째 열에서 시작되는 글자를 먼저 읽은 후에 두번째 열에 있는 축약형을 읽으세요. 그리고 이어서 순서대로 위에서 아래로 모두 읽어보세요.
음절학습: 첫 음절을 읽고, 두번째 단얼 전체를 읽어보세요.

Sentences With Contractions

1. It's on a big flat rock.
   읱트's 언은 엏 비익꿍 f을앹트 뤄엌크.

2. He's strong.
   히이'즉 슽렁언궁.

3. She's sad.
   쉬이'즉 쌔앹드.

4. What's in the box?
   워엍트's 인은 뒝엏 버엌스?

문장을 소리내어 읽으세요.

Sentences With Contractions

5. Who's on the bus?
   후우'즈 언은 뒇엏 버엇스?

6. When's lunch?
   웨엔은'즈 러언칂?

7. When's chess club?
   웨엔은'즈 쵏에스 클럽브?

8. That's hot.
   탶앹트'스 허엍트.

문장을 소리내어 읽으세요.

In The Spring
인은 듸엏 슈륑인궁

In the spring,
인은 듸엏 슈륑인궁,

robins sing,
뤄엏빈즈 씨인궁.

eggs hatch,
엑즈 해앹트칰,

and children swing.
앤은드 칠일드뤈 스윙은궁.

Wings flap,
위잉즈 f을앺프,

bugs sting.
버억즈 스팅궁.

Sing a song!
씨인궁 엏 쎠엉궁!

It's spring,
잍트'스 슈륑인궁,

it's spring!
잍트'스 슈륑인궁!

이야기를 읽으세요.

In The Spring
봄에는

In the spring,
봄에는

robins sing,
울새가 노래를 불러요.

eggs hatch,
알도 부화해요,

and children swing.
그리고 아이는 그네를 타요.

Wings flap,
날개는 퍼덕이고,

bugs sting.
벌레는 침으로 따끔하게해요.

Sing a song.
노래를 불러요.

It's spring,
봄이 찾아 왔어요,

it's spring.
봄이 찾아 왔어요.

이야기를 읽으세요.

그림 및 글자의 관련된 답안지는 167페이지에서 확인할수 있어요.

nk 은쿵

A.

이 패턴은 이중 자음이라고 해요. 이 소리는 주로 단모음 이후에 사용되는 소리예요. 글자 n 을 ng 소리와 비슷하게 소리 내고 그 뒤에 k 소리를 붙이는 소리예요. 우리는 한글로 "첫 겹자음 발음"이라고 해요.

B.  C.  D.

E.  F.  G.

H.  I.  J.

1) 선생님은 첫 번째 단어를 보고 하나씩, 발음을 정확하게 하여 각 각의 소리를 따라 읽어보아요. 학생은 그림을 보고(그림에 보이는 알고 있는 단어만 읽어보게 해요) 글의 소리를 붙여 읽어보고 각 단어의 맞는 단어를 찾아 읽어보아요.

© 2019 by Kathryn J. Davis
Korean Text © 2021 by Kook Jo

Phonetic Words And Stories - Book 1
DoranDoran Phonics - Book 1

1.	b → a → nk	bank
	브 아 은쿵	배앤쿵
2.	th → a → nk	thank
	퉁 아 은쿵	탱앤쿵
3.	w → i → nk	wink
	웋으 이 은쿵	위인쿵
4.	th → i → nk	think
	퉁 이 은쿵	팅인쿵
5.	dr → i → nk	drink
	드얾 이 은쿵	듀인쿵
6.	h → o → nk	honk
	헣 앟 은쿵	허언쿵
7.	j → u → nk	junk
	즈 엃 은쿵	져언쿵
8.	sk → u → nk	skunk
	스쿵 엃 은쿵	슥컨쿵
9.	tr → u → nk	trunk
	터얾 엃 은쿵	츄언쿵
10.	ch → u → nk	chunk
	충 엃 은쿵	청언쿵

2) 선생님은 앞 장의 그림 A 부터 J까지 보고 각 단어의 소리를 따로 읽어주세요. 학생은 첫 번째 열부터 글자를 읽고, 글을 읽을 때 최대한 글의 음절이 부드럽게 이어서 읽어지도록 연습하세요. 3) 두 번째 열에서는 학생이 위에서 아래로 글을 읽고 첫 번째 열에서와 같이 소리를 최대한 비슷하게 읽어보아요.

음절 끝에 단모음이 오게될 경우 주로 장모음으로 소리를 내요. 우리의 이름을 말할 때 "유으"라고 표현하듯이요.

ū 우으

이러한 음절을 우리는 한글로 개음절이라고 해요.
(모음으로 끝나는 음절)

flu
f을우으

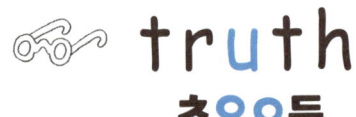 truth
츄우으뜽

"Yes, I did it."

이 글은 일견단어에요. 글자 u 는 두개의 자음으로 따라오기 때문에 짧은 u 소리로 사용해야 하지만 여기서는 끝 음절에 들어가도 긴 u 소리를 사용해요.

tu
튜우으

tu
튜우으

ru
루우으
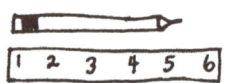

stu
스트우으

ru
루우으

tu
트우으

긴 ū 소리는 두 개의 발음으로 다르게 소리 낼 수 있어요. 가끔 "움라움트" ö 리로 단어 tulip이 있고, 이름을 읽을 때 글자 ū로 읽을 수 있는데 단어는 music 있어요. 만약 두 개의 소리로 읽을 때 헷갈린다면 두 개의 단어를 같이 읽어보고 가장 비슷하게 소리가 나는 글자 무엇인지 알아 맞춰 보세요.

Sight word: truth

첫 음절을 읽어보세요. 선생님이 읽어주시는 단어를 들어봐요. 반복해서 읽어봐요.

| tulip, ruler, ruby | tuba, student, tutu |

음절 끝에 단모음이 오게될 경우 주로 장모음으로 소리를 내요. 우리의 이름을 말할 때 "유으"라고 표현하듯이요.

ū 유으

이러한 음절을 우리는 한글로 개음절이라고 해요.
(모음으로 끝나는 음절)

m u
뮤유으

p u
퓨유으
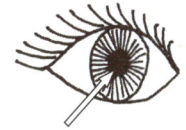

u
유으

u
유으

C u
큐유으

u
유으

u
유으

u
유으
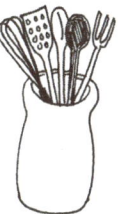

첫 음절을 읽어보세요. 선생님이 읽어주시는 단어를 들어봐요. 반복해서 읽어봐요.

| music, unicorn, Cupid, uniform | pupil, unique, universe, utensils |

Get A Drink
겥엩트 엏 듀인쿵

When it's hot,
웨엔은 잍트'스 허엍트,

and the sun is up,
앤은드 뒇엏 써언은 이즁 엎풍,

stop and think,
슽엎풍 앤은드 딯인쿵,

and get a cup.
앤은드 겥엩트 엏 커엎풍.

Or get a glass,
오엃 겥엩트 엏 글애스,

and fill it up.
앤은드 f일을 잍트 엏풍.

Stop and think,
슽덮풍 앤은드 딯인쿵,

and get a drink.
앤은드 겥엩트 엏 듀인쿵.

이야기를 읽으세요.

Get A Drink
음료 한 잔

When it's hot,
날이 무더울 때는,

and the sun is up,
그리고 태양이 내리 쬘 때,

stop and think,
잠시 멈추고 생각해봐요.

and get a cup.
그리고 찻잔을 준비해요.

Or get a glass,
아니면 유리컵을 준비해요.

and fill it up.
그리고 잔에 채워넣어요.

Stop and think,
잠시 멈추고 생각해봐요.

and get a drink.
그리고 준비한 음료를 마셔요.

이야기를 읽으세요.

PREVIEW

본 내용은 짧은 예화로 다루어졌고, 이후 네 번째 권에서 내용을 다시 배워요.

1. oi → l   oil
   옹이 을   옹일을

2. b → oi → l   boil
   브 옹이 을   보옹일을

3. s → oi → l   soil
   쓰 옹이 을   쏘옹이을

4. c → oi → n   coin
   크 옹이 은   코옹인은

5. j → oi → n   join
   즈 옹이 은   조옹인은

6. p → oi → n → t   point
   프 옹이 은 트   포옹인은트

7. b → oy   boy
   브 옹이   보옹이

8. j → oy   joy
   즈 옹이   조옹이

9. t → oy   toy
   트 옹이   토옹이

10. s → oy   soy
    쓰 옹이   쏘옹이

2) 선생님은 앞 장의 <u>그림</u> A 부터 J까지 보고 각 단어의 소리를 따로 읽어주세요. 학생은 첫 번째 열부터 글자를 읽고, 글을 읽을 때 최대한 글의 음절이 부드럽게 이어서 읽어지도록 연습하세요. **3)** 두 번째 열에서는 학생이 위에서 아래로 글을 읽고 첫 번째 열에서와 같이 소리를 최대한 비슷하게 읽어보아요.

글자 ou와 ow는 같은 소리의 패턴을 가지고 있어요.

OU 앟우 	A. 	B. 
C. 	D. 	E. 
OW 앟우 	F. 	G. 
H. 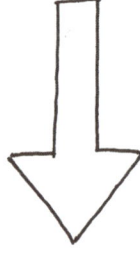	I. 	J. 

1) 선생님은 첫 번째 단어를 보고 하나씩, 발음을 정확하게 하여 각 각의 소리를 따로 읽어보아요. 학생은 그림을 보고(그림에 보이는 알고 있는 단어만 읽어보게 해요) 글의 소리를 붙여 읽어보고 각 단어의 맞는 단어를 찾아 읽어보아요.

| ou 앟우  | PREVIEW | ow 앟우  |

본 내용은 짧은 예화로 다루어졌고, 이후 네 번째 권에서 내용을 다시 배워요.

1. ou → t
   앟우　트
   out
   앟웉트

2. l → ou → d
   을　앟우　드
   loud
   라앟웉드

3. sh → ou → t
   쉬　앟우　트
   shout
   샤앟웉트

4. c → ou → ch
   크　앟웉　춯
   couch
   카앟웉춯

5. m → ou → th
   음　앟우　둫
   mouth
   마앟우둫

6. c → ow
   크　앟우
   cow
   카앟우

7. b → ow
   브　앟우
   bow
   바앟우

8. d → ow → n
   드　앟우　은
   down
   다앟운은

9. t → ow → n
   트　앟우　은
   town
   타앟운은

10. ow → l
    앟우　을
    owl
    앟울을

2) 선생님은 앞 장의 그림 A 부터 J까지 보고 각 단어의 소리를 따로 읽어주세요. 학생은 첫 번째 열부터 글자를 읽고, 글을 읽을 때 최대한 글의 음절이 부드럽게 이어서 읽어지도록 연습하세요. **3)** 두 번째 열에서는 학생이 위에서 아래로 글을 읽고 첫 번째 열에서와 같이 소리를 최대한 비슷하게 읽어보아요.

글자 u의 마지막 소리로 위에 쩜이 있어요. 두개의 쩜이 의미하는 것은 일반적인 소리가 아닌 것을 의미해요.

ü 웅

A.

B.

C.

D.

E.

F.

1) 선생님은 첫 번째 단어를 보고 하나씩, 발음을 정확하게 하여 각 각의 소리를 따라 읽어보아요. 학생은 그림을 보고(그림에 보이는 알고 있는 단어만 읽어보게 해요) 글의 소리를 붙여 읽어보고 각 단어의 맞는 단어를 찾아 읽어보아요.

PREVIEW

1. p → u → t   put
   풍   웅   트   풍웉트

2. p → u → sh   push
   풍   웅   쉬   풍웃쉬

3. b → u → sh   bush
   브   웅   쉬   브웃쉬

4. p → u → ll   pull
   풍   웅   을   풍울을

5. f → u → ll   full
   f   웅   을   f울을

6. b → u → ll   bull
   브   웅   을   브울을

본 내용은 짧은 예화로 다루어졌고, 이후 네 번째 권에서 내용을 다시 배워요.

2) 선생님은 앞 장의 그림 A 부터 J까지 보고 각 단어의 소리를 따로 읽어주세요. 학생은 첫 번째 열부터 글자를 읽고, 글을 읽을 때 최대한 글의 음절이 부드럽게 이어서 읽어지도록 연습하세요. 3) 두 번째 열에서는 학생이 위에서 아래로 글을 읽고 첫 번째 열에서와 같이 소리를 최대한 비슷하게 읽어보아요.

글자 a의 마지막 소리로 위에 점이 있어요. 두개의 점이 의미하는 것은 일반적인 소리가 아닌 것을 의미해요.

 PREVIEW

1. äll / 엏을 — äll / 얼을
2. c → äll / 크 엏을 — cäll / 커얼을
3. b → äll / 브 엏을 — bäll / 버얼을
4. t → äll / 트 엏을 — täll / 터얼을
5. w → äll / 웋으 엏을 — wäll / 워얼을
6. f → äll / f 엏을 — fäll / f얼을
7. h → äll / 헣 엏을 — häll / 허얼을
8. m → äll / 음 엏을 — mäll / 머얼을

본 내용은 짧은 예화로 다루어졌고, 이후 네 번째 권에서 내용을 다시 배워요.

2) 선생님은 앞 장의 그림 A 부터 J까지 보고 각 단어의 소리를 따로 읽어주세요. 학생은 첫 번째 열부터 글자를 읽고, 글을 읽을 때 최대한 글의 음절이 부드럽게 이어서 읽어지도록 연습하세요. 3) 두 번째 열에서는 학생이 위에서 아래로 글을 읽고 첫 번째 열에서와 같이 소리를 최대한 비슷하게 읽어보아요.

Phonetic Words And Stories, Book 1 - Answer Key, By Page Number

Bk 1 - # 1 (41-42)		a, e, i, o, u		(43-44)	SW Sentences
Words / 글자		Pictures / 그림			
1. a-x	D	A. o-ff	3	1 - C	
2. i-ll	F	B. r-a-n	7	2 - D	
3. o-ff	A	C. u-s	5	3 - A	
4. e-gg	G	D. a-x	1	4 - E	
5. u-s	C	E. c-u-t	8	5 - F	
6. f-i-n	H	F. i-ll	2	6 - B	
7. r-a-n	B	G. e-gg	4		
8. c-u-t	E	H. f-i-n	6		
9. t-e-n	I	I. t-e-n	9		
10. b-o-x	J	J. b-o-x	10		

Bk 1 - # 2 (45-46)		sh/ship		Bk 1 - # 3 (47-48)		o/son, a/what	
Words / 글자		Pictures / 그림		Words / 글자		Pictures / 그림	
1. sh-i-p	D	A. sh-u-t	5	1. s-o-n	A	A. s-o-n	1
2. sh-o-p	E	B. sh-e-ll	4	2. w-o-n	C	B. f-r-o-m	5
3. sh-o-t	J	C. d-i-sh	7	3. t-o-n	E	C. w-o-n	2
4. sh-e-ll	B	D. sh-i-p	1	4. o-f	G	D. o-v-e-n	7
5. sh-u-t	A	E. sh-o-p	2	5. f-r-o-m	B	E. t-o-n	3
6. f-i-sh	I	F. m-a-sh	9	6. f-r-o-n-t	F	F. f-r-o-n-t	6
7. d-i-sh	C	G. r-u-sh	10	7. o-v-e-n	D	G. o-f	4
8. c-a-sh	H	H. c-a-sh	8				
9. m-a-sh	F	I. f-i-sh	6	1. w-a-s	B	A. wh-a-t	2
10. r-u-sh	G	J. sh-o-t	3	2. wh-a-t	A	B. w-a-s	1

© 2019 by Kathryn J. Davis
Korean Text © 2021 by Kook Jo

Phonetic Words And Stories, Book 1 - Answer Key, By Page Number

Bk 1 - # 4 (52) e/me

Words / 글자		Pictures / 그림	
1. h-e	C	A. w-e	3
2. sh-e	E	B. b-e	5
3. w-e	A	C. h-e	1
4. m-e	D	D. m-e	4
5. b-e	B	E. sh-e	2

Bk 1 - # 5 (54) o/go

Words / 글자		Pictures / 그림	
1. g-o	C	A. y-o-y-o	4
2. n-o	B	B. n-o	2
3. s-o	D	C. g-o	1
4. y-o-y-o	A	D. s-o	3

Bk 1 - # 6 (59-60) th/thumb

Words / 글자		Pictures / 그림	
1. th-i-n	I	A. m-a-th	7
2. th-u-d	B	B. th-u-d	2
3. th-u-mb	G	C. m-o-th	9
4. B-e-th	E	D. S-e-th	5
5. S-e-th	D	E. B-e-th	4
6. b-a-th	F	F. b-a-th	6
7. m-a-th	A	G. th-u-mb	3
8. p-a-th	H	H. p-a-th	8
9. m-o-th	C	I. th-i-n	1
10. w-i-th	J	J. w-i-th	10

Bk 1 - # 7 (61) th/this

Words / 글자		Pictures / 그림	
1. th-i-s	D	A. th-e-m	3
2. th-a-t	B	B. th-a-t	2
3. th-e-m	A	C. th-e-n	4
4. th-e-n	C	D. th-i-s	1

Phonetic Words And Stories, Book 1 - Answer Key, By Page Number

Bk 1 - # 8 (67-68) ast, aft, and

Words / 글자		Pictures / 그림	
1. f-a-s-t	D	A. s-a-n-d	5
2. l-a-s-t	J	B. c-a-m-p	8
3. r-a-f-t	F	C. m-a-s-k	9
4. h-a-n-d	H	D. f-a-s-t	1
5. s-a-n-d	A	E. a-s-k	10
6. l-a-n-d	G	F. r-a-f-t	3
7. l-a-m-p	I	G. l-a-n-d	6
8. c-a-m-p	B	H. h-a-n-d	4
9. m-a-s-k	C	I. l-a-m-p	7
10. a-s-k	E	J. l-a-s-t	2

Bk 1 - # 9 (73-74) ist, ilk, ift

Words / 글자		Pictures / 그림	
1. f-i-s-t	E	A. r-i-s-k	8
2. l-i-s-t	I	B. m-i-s-t	3
3. m-i-s-t	B	C. m-i-l-k	4
4. m-i-l-k	C	D. w-i-n-d	10
5. s-i-l-k	H	E. f-i-s-t	1
6. g-i-f-t	F	F. g-i-f-t	6
7. l-i-f-t	G	G. l-i-f-t	7
8. r-i-s-k	A	H. s-i-l-k	5
9. d-i-s-k	J	I. l-i-s-t	2
10. w-i-n-d	D	J. d-i-s-k	9

Bk 1 - # 10 (77) or/horse

Words / 글자		Pictures / 그림	
1. or	A	A. or	1
2. f-or	E	B. t-or-n	4
3. c-or-n	D	C. h-or-se	6
4. t-or-n	B	D. c-or-n	3
5. h-or-n	F	E. f-or	2
6. h-or-se	C	F. h-or-n	5

Bk 1 - # 11 (83-84) ost, oft, omp

Words / 글자		Pictures / 그림	
1. p-o-n-d	F	A. f-o-n-d	2
2. f-o-n-d	A	B. gh-o-s-t	10
3. s-o-f-t	H	C. p-o-s-t	9
4. r-o-m-p	G	D. g-o-l-f	5
5. g-o-l-f	D	E. l-o-s-t	7
6. c-o-s-t	J	F. p-o-n-d	1
7. l-o-s-t	E	G. r-o-m-p	4
8. m-o-s-t	I	H. s-o-f-t	3
9. p-o-s-t	C	I. m-o-s-t	8
10. gh-o-s-t	B	J. c-o-s-t	6

Phonetic Words And Stories, Book 1 - Answer Key, By Page Number

Bk 1 - # 12 (87-88) ck/Jack

Words / 글자		Pictures / 그림	
1. r-o-ck	A	A. r-o-ck	1
2. s-o-ck	C	B. s-i-ck	10
3. b-a-ck	H	C. s-o-ck	2
4. s-a-ck	E	D. l-u-ck	6
5. d-u-ck	F	E. s-a-ck	4
6. l-u-ck	D	F. d-u-ck	5
7. n-e-ck	I	G. p-e-ck	8
8. p-e-ck	G	H. b-a-ck	3
9. k-i-ck	J	I. n-e-ck	7
10. s-i-ck	B	J. k-i-ck	9

Bk 1 - # 13 (91-92) ust, ump, unt

Words / 글자		Pictures / 그림	
1. j-u-m-p	A	A. j-u-m-p	1
2. d-u-m-p	J	B. p-u-n-t	4
3. p-u-m-p	I	C. t-u-s-k	10
4. p-u-n-t	B	D. d-u-s-t	7
5. b-u-l-b	F	E. g-u-s-t	8
6. m-u-s-t	H	F. b-u-l-b	5
7. d-u-s-t	D	G. d-u-s-k	9
8. g-u-s-t	E	H. m-u-s-t	6
9. d-u-s-k	G	I. p-u-m-p	3
10. t-u-s-k	C	J. d-u-m-p	2

Bk 1 - # 14 (95) o/to

Words / 글자		Pictures / 그림	
1. t-o	D	A. in-to	4
2. d-o	C	B. tw-o	3
3. tw-o	B	C. d-o	2
4. in-to	A	D. t-o	1
5. on-to	E	E. on-to	5

Bk 1 - # 15 (96) _ve/give

Words / 글자		Pictures / 그림	
1. g-i-ve	A	A. g-i-ve	1
2. l-i-ve	C	B. h-a-ve	3
3. h-a-ve	B	C. l-i-ve	2
4. m-o-ve	D	D. m-o-ve	4

Phonetic Words And Stories, Book 1 - Answer Key, By Page Number

Bk 1 - # 16 (101-102) est, ent, elp

Words / 글자		Pictures / 그림	
1. n-e-s-t	B	A. d-e-s-k	8
2. h-e-l-d	I	B. n-e-s-t	1
3. t-e-n-t	C	C. t-e-n-t	3
4. s-e-n-d	J	D. w-e-p-t	10
5. h-e-l-p	F	E. n-e-x-t	9
6. m-e-l-t	H	F. h-e-l-p	5
7. s-e-l-f	G	G. s-e-l-f	7
8. d-e-s-k	A	H. m-e-l-t	6
9. n-e-x-t	E	I. h-e-l-d	2
10. w-e-p-t	D	J. s-e-n-d	4

Bk 1 - # 17 (109-110) ch/chicken

Words / 글자		Pictures / 그림	
1. ch-i-ck	F	A. ch-o-p	9
2. ch-i-n	J	B. ch-i-m-p	4
3. ch-i-ll	D	C. ch-i-p-s	5
4. ch-i-m-p	B	D. ch-i-ll	3
5. ch-i-p-s	C	E. ch-u-m	10
6. ch-e-ss	H	F. ch-i-ck	1
7. ch-e-ck	G	G. ch-e-ck	7
8. ch-e-s-t	I	H. ch-e-ss	6
9. ch-o-p	A	I. ch-e-s-t	8
10. ch-u-m	E	J. ch-i-n	2

Bk 1 - # 18 (111-112) st, sp, sm

Words / 글자		Pictures / 그림	
1. sp-i-ll	J	A. sk-i-p	3
2. sn-a-p	B	B. sn-a-p	2
3. sk-i-p	A	C. dw-e-ll	9
4. sm-e-ll	H	D. squ-i-d	6
5. st-o-p	G	E. tw-i-g	10
6. squ-i-d	D	F. sw-i-m	8
7. sc-a-b	I	G. st-o-p	5
8. sw-i-m	F	H. sm-e-ll	4
9. dw-e-ll	C	I. sc-a-b	7
10. tw-i-g	E	J. sp-i-ll	1

Bk 1 - # 19 (115-116) tch/match

Words / 글자		Pictures / 그림	
1. m-a-tch	I	A. c-a-tch	4
2. h-a-tch	C	B. p-i-tch	6
3. p-a-tch	D	C. h-a-tch	2
4. c-a-tch	A	D. p-a-tch	3
5. b-a-tch	E	E. b-a-tch	5
6. p-i-tch	B	F. d-i-tch	7
7. d-i-tch	F	G. D-u-tch	8
8. D-u-tch	G	H. n-o-tch	10
9. f-e-tch	J	I. m-a-tch	1
10. n-o-tch	H	J. f-e-tch	9

Phonetic Words And Stories, Book 1 - Answer Key, By Page Number			
Bk 1 - # 20 (117-118) nch/bench		**Bk 1 - # 21 (121-122) bl, fl, sl**	
Words / 글자	Pictures / 그림	Words / 글자	Pictures / 그림
1. l-u-n-ch J	A. p-u-n-ch 4	1. fl-a-g G	A. sl-e-d 7
2. b-u-n-ch C	B. p-i-n-ch 10	2. fl-i-p H	B. spl-a-sh 10
3. m-u-n-ch E	C. b-u-n-ch 2	3. pl-u-g J	C. gl-a-ss 8
4. p-u-n-ch A	D. r-a-n-ch 7	4. cl-o-ck E	D. cl-i-ff 5
5. b-e-n-ch H	E. m-u-n-ch 3	5. cl-i-ff D	E. cl-o-ck 4
6. wr-e-n-ch F	F. wr-e-n-ch 6	6. bl-o-ck I	F. spl-i-t 9
7. r-a-n-ch D	G. f-i-n-ch 9	7. sl-e-d A	G. fl-a-g 1
8. i-n-ch I	H. b-e-n-ch 5	8. gl-a-ss C	H. fl-i-p 2
9. f-i-n-ch G	I. i-n-ch 8	9. spl-i-t F	I. bl-o-ck 6
10. p-i-n-ch B	J. l-u-n-ch 1	10. spl-a-sh B	J. pl-u-g 3

Bk 1 - # 22 (125-126) wh/when		**Bk 1 - # 23 (128) wh/who**	
Words / 글자	Pictures / 그림	Words / 글자	Pictures / 그림
1. wh-e-n B	A. whip-pet 8	1. wh-o B	A. wh-o-m 2
2. wh-a-t H	B. wh-e-n 1	2. wh-o-m A	B. wh-o 1
3. wh-i-p D	C. wh-i-ch 4	3. wh-o-se C	C. wh-o-se 3
4. wh-i-ch C	D. wh-i-p 3		
5. wh-i-s-k E	E. wh-i-s-k 5		
6. wh-i-z G	F. wh-i-ff 7		
7. wh-i-ff F	G. wh-i-z 6		
8. whip-pet A	H. wh-a-t 2		

Phonetic Words And Stories, Book 1 - Answer Key, By Page Number

Bk 1 - # 24 (131-132)   br, cr, tr

Words / 글자		Pictures / 그림	
1. pr-e-ss	C	A. tr-u-ck	6
2. fr-o-g	B	B. fr-o-g	2
3. br-u-sh	J	C. pr-e-ss	1
4. cr-a-b	H	D. str-a-p	9
5. gr-i-ll	E	E. gr-i-ll	5
6. tr-u-ck	A	F. scr-u-b	10
7. dr-o-p	G	G. dr-o-p	7
8. spr-i-g	I	H. cr-a-b	4
9. str-a-p	D	I. spr-i-g	8
10. scr-u-b	F	J. br-u-sh	3

Bk 1 - # 25 (139-140)   ng/ring

Words / 글자		Pictures / 그림	
1. s-a-ng	B	A. w-i-ng	3
2. r-a-ng	D	B. s-a-ng	1
3. w-i-ng	A	C. str-o-ng	7
4. k-i-ng	I	D. r-a-ng	2
5. br-i-ng	E	E. br-i-ng	5
6. spr-i-ng	G	F. h-u-ng	10
7. str-o-ng	C	G. spr-i-ng	6
8. l-o-ng	J	H. st-u-ng	9
9. st-u-ng	H	I. k-i-ng	4
10. h-u-ng	F	J. l-o-ng	8

Bk 1 - # 26 (147-148)   nk/wink

Words / 글자		Pictures / 그림	
1. b-a-nk	C	A. sk-u-nk	8
2. th-a-nk	J	B. w-i-nk	3
3. w-i-nk	B	C. b-a-nk	1
4. th-i-nk	D	D. th-i-nk	4
5. dr-i-nk	F	E. h-o-nk	6
6. h-o-nk	E	F. dr-i-nk	5
7. j-u-nk	I	G. ch-u-nk	10
8. sk-u-nk	A	H. tr-u-nk	9
9. tr-u-nk	H	I. j-u-nk	7
10. ch-u-nk	G	J. th-a-nk	2

Bk 1 - # 27 (153-154)   oi/oil, oy/boy

Words / 글자		Pictures / 그림	
1. oi-l	E	A. s-oi-l	3
2. b-oi-l	D	B. p-oi-n-t	6
3. s-oi-l	A	C. j-oi-n	5
4. c-oi-n	F	D. b-oi-l	2
5. j-oi-n	C	E. oi-l	1
6. p-oi-n-t	B	F. c-oi-n	4
7. b-oy	I	G. t-oy	9
8. j-oy	J	H. s-oy	10
9. t-oy	G	I. b-oy	7
10. s-oy	H	J. j-oy	8

Phonetic Words And Stories, Book 1 - Answer Key, By Page Number			
Bk 1 - # 28 (155-156) ou/ouch, ow/cow		**Bk 1 - # 29 (157-158) ü/push**	
Words / 글자	Pictures / 그림	Words / 글자	Pictures / 그림
1. ou-t C	A. c-ou-ch 4	1. p-u-t C	A. p-u-ll 4
2. l-ou-d E	B. m-ou-th 5	2. p-u-sh E	B. b-u-ll 6
3. sh-ou-t D	C. ou-t 1	3. b-u-sh F	C. p-u-t 1
4. c-ou-ch A	D. sh-ou-t 3	4. p-u-ll A	D. f-u-ll 5
5. m-ou-th B	E. l-ou-d 2	5. f-u-ll D	E. p-u-sh 2
6. c-ow I	F. t-ow-n 9	6. b-u-ll B	F. b-u-sh 3
7. b-ow J	G. ow-l 10		
8. d-ow-n H	H. d-ow-n 8		
9. t-ow-n F	I. c-ow 6		
10. ow-l G	J. b-ow 7		

Bk 1 - # 30 (159-160) ä/all			
Words / 글자	Pictures / 그림		
1. a-ll F	A. t-a-ll 4		
2. c-a-ll B	B. c-a-ll 2		
3. b-a-ll C	C. b-a-ll 3		
4. t-a-ll A	D. f-a-ll 6		
5. w-a-ll H	E. m-a-ll 8		
6. f-a-ll D	F. a-ll 1		
7. h-a-ll G	G. h-a-ll 7		
8. m-a-ll E	H. w-a-ll 5		

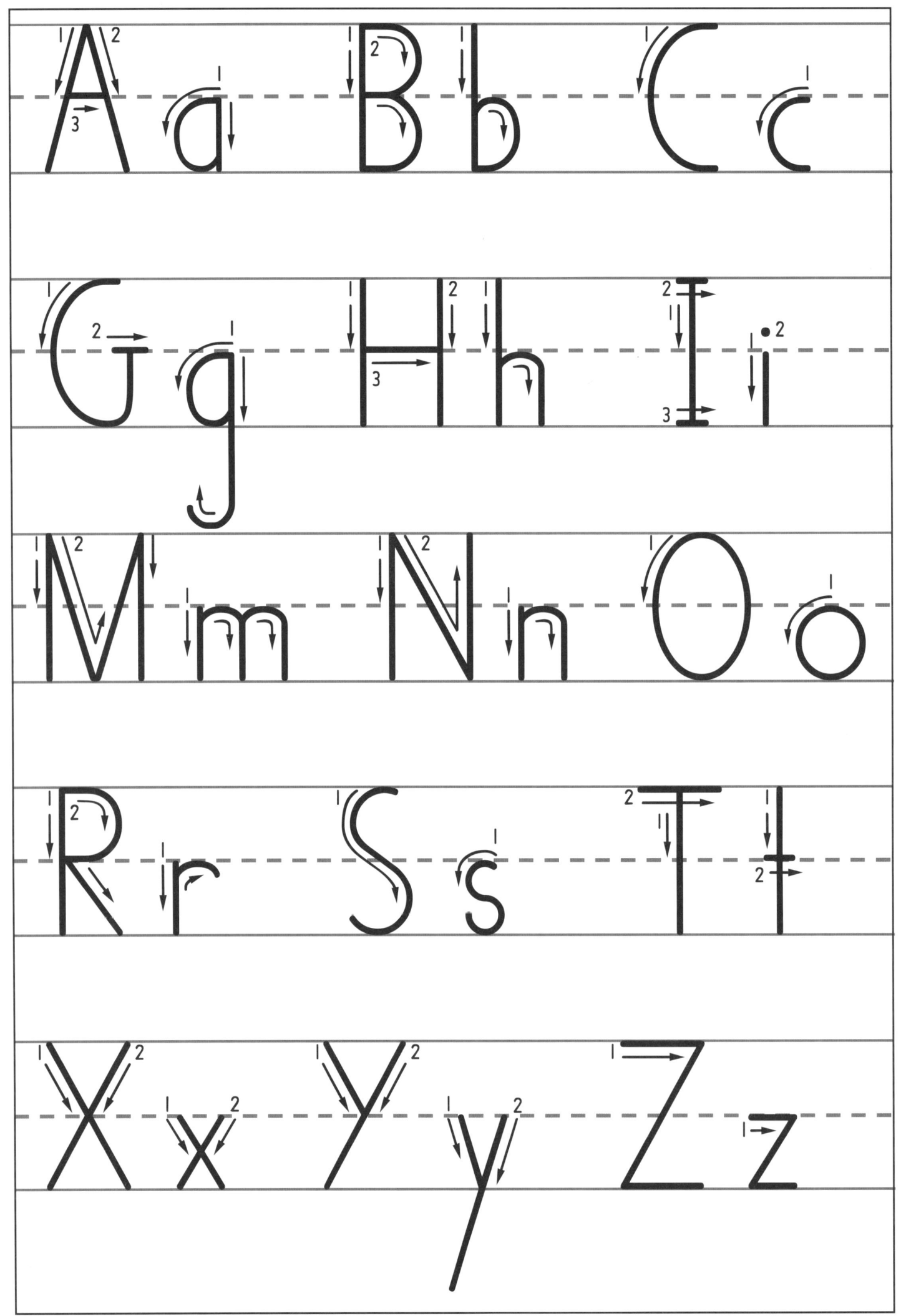

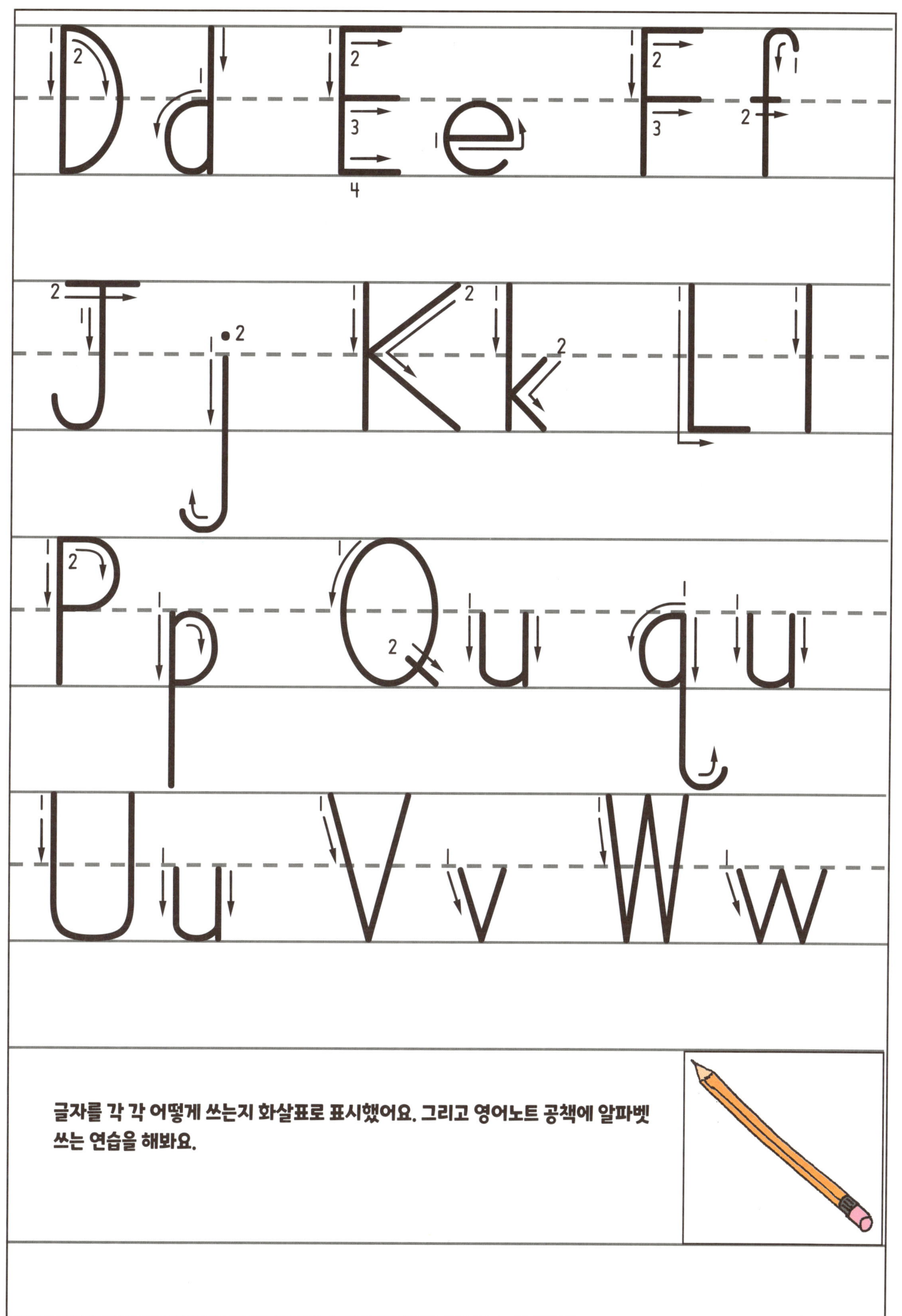

글자를 각 각 어떻게 쓰는지 화살표로 표시했어요. 그리고 영어노트 공책에 알파벳 쓰는 연습을 해봐요.

어떻게 모음의 관련된 색을 정했을까요?

저는 아주 오래전부터 모음의 관련된 색을 보다 쉽게 이해하려고 만들었어요. 저는 싸운드 스토리의 이야기를 만들었어요. 우선 장모음부터 순서를 정하여 색을 만들었어요. 쉽게 말해서; 각 모음의 단어를 생각하여 비슷한 색을 선택하여 색의 이름을 만들었어요. 그런 다음 각 모음에 색을 지정한 후에 원래의 색에서 조금 더 옅은 색을 칠해서 단모음과 장모음은 구별 할 수 있게 했어요.

Short Vowels Lighter Colors	Long Vowels Darker Colors	Dotted Vowels
a 아 apple	ā 애이 darker red	ä 엏 a color variant of red
e 에 lighter green	ē 이 green	ë 에이
i 이(짧) lighter violet	ī 아이 violet	ï 이
o 앟 lighter orange	ō 오우 orange	ö 유우
u 엏 lighter blue	ū 유우 blue	ü 웋 bush
oi oy 옿이 옿이 gold coin 겨울드 코옿인은	ou ow 앟우 앟우 brown 브앟운은	er ir ur Gray = "no color" The vowels in these patterns are not pronounced.

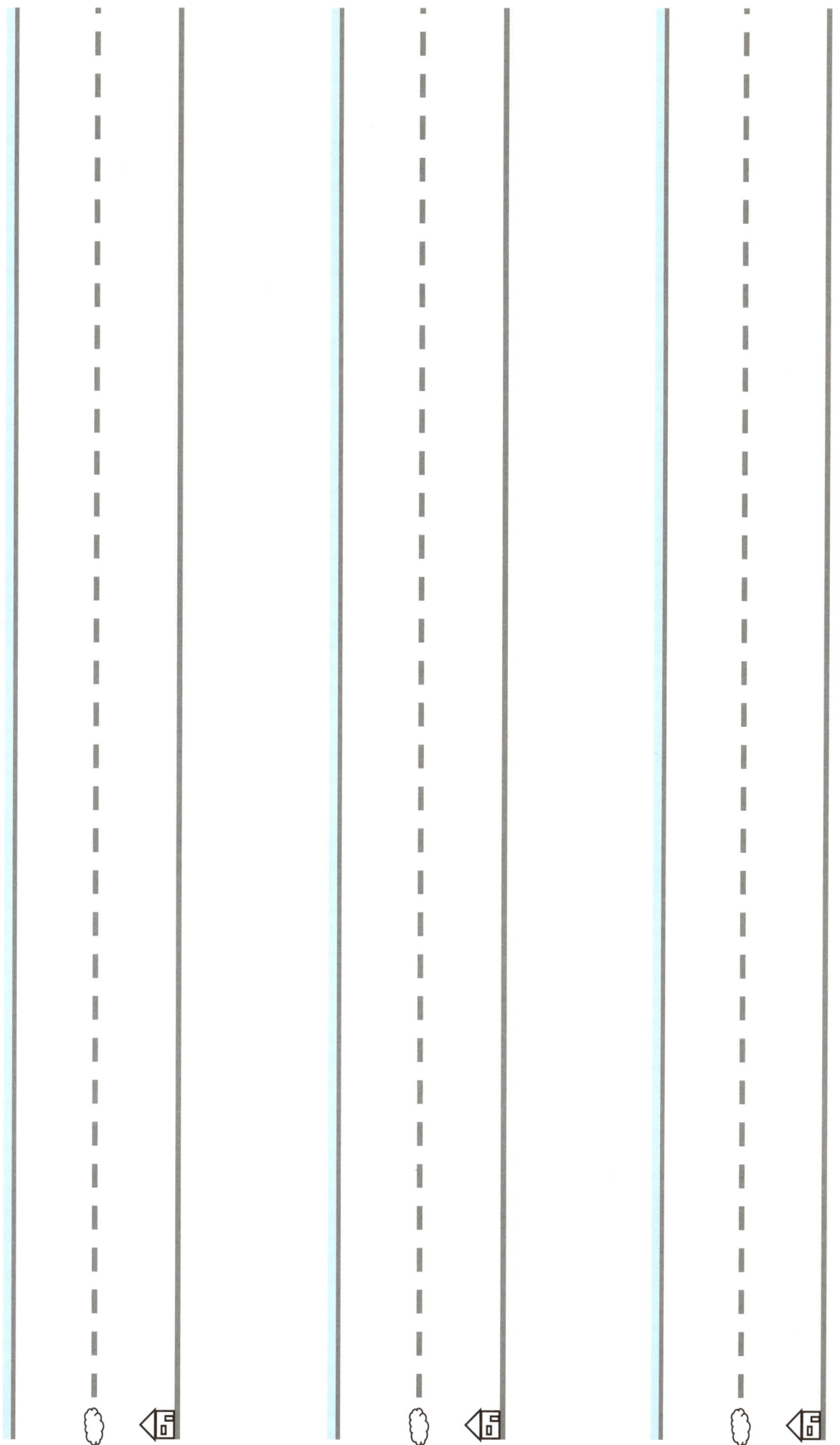

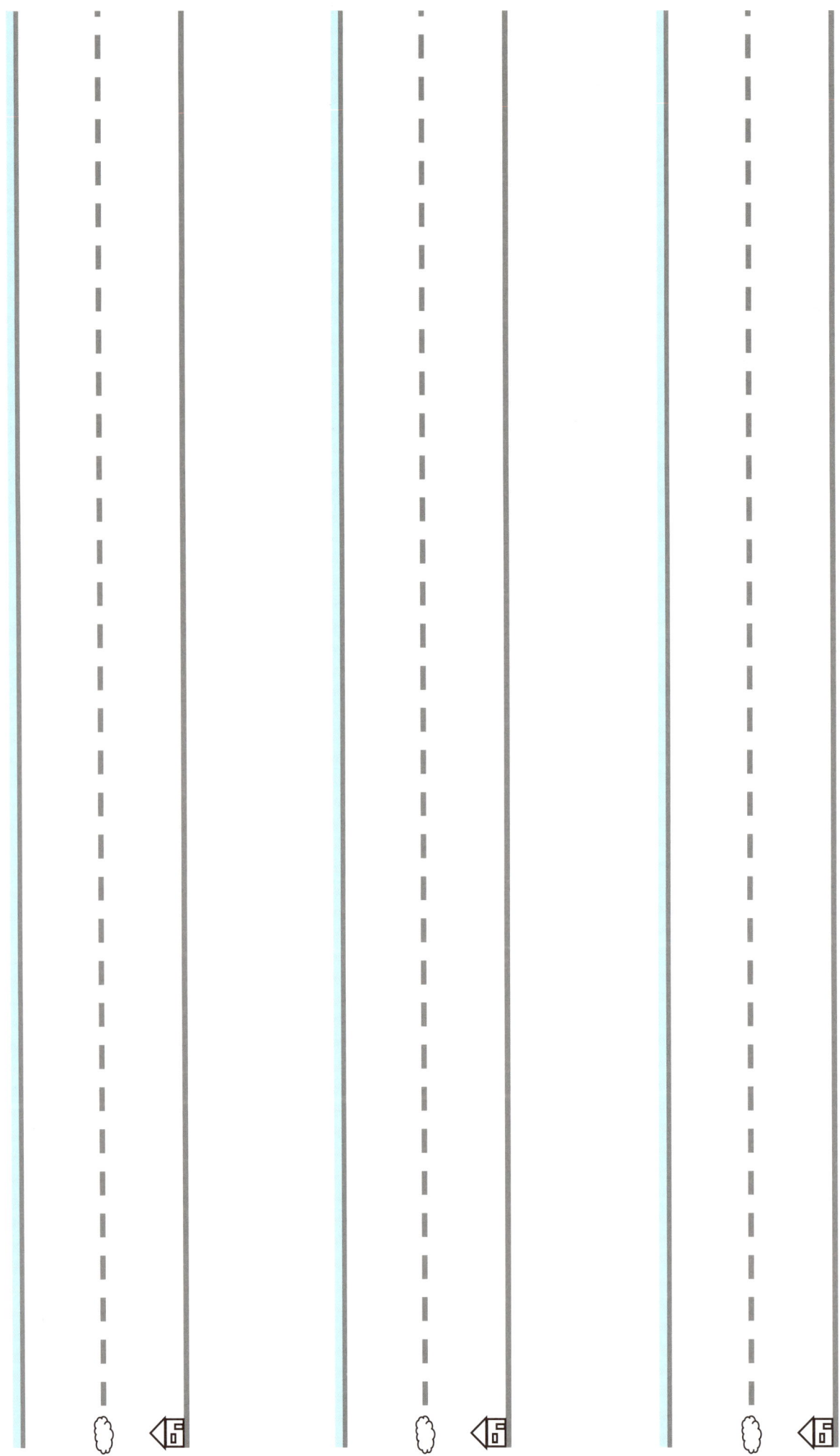

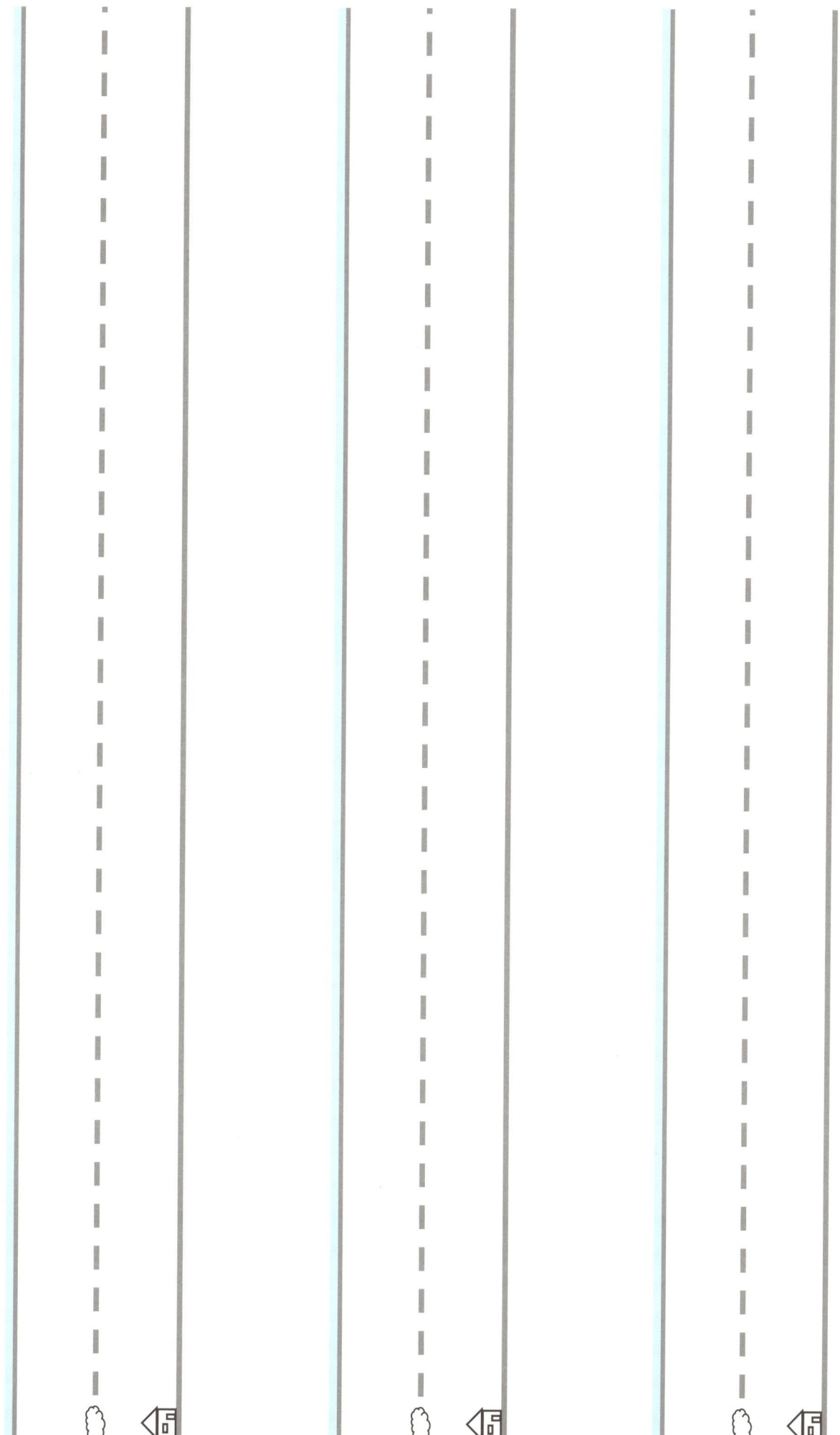

도란도란북스

1판 1쇄 인쇄 | 2022.06.10
1판 1쇄 인쇄 | 2022.06.20

원작자 | Kathryn J. Davis
편찬자 | 조 국
번 역 | 조 국
펴낸이 | 조 국
펴낸곳 | 도란도란북스

표지 디자인 | 송소영
글 · 그림 | Kathryn J. Davis

팩스 | 050-4229-3236
이메일 | support@dorandoranbooks.co.kr
출판등록 | 2021년 08월 02일 제2021-000034호

이 책은 저작권법에 따라 보호를 받는 저작물이므로 무단전재와 복제를 금합니다.
잘못되거나 파손된 책은 바꾸어드립니다.
책값은 뒤표지에 있습니다.